英語学モノグラフシリーズ 17

原口庄輔／中島平三／中村　捷／河上誓作　編

語の意味と意味役割

米山　三明
加賀　信広　著

研 究 社

まえがき

　本書の目的は意味論の中心的問題を論ずることにある．意味論の目指すところは，意味の仕組みがどのようになっているかを明らかにすることである．意味に関する問題もその接近法もさまざまであり，形式意味論 (formal semantics) のようなものから，語用論と融合したような意味論まである．そのすべてを過不足なく取り上げて論ずることは，本シリーズのような企画では実際的ではない．自ずから特定の枠組みに焦点を絞り，扱う意味の側面も限定せざるを得ない．

　最近の研究で注目に値するのは，動詞の分析を中心とした「語彙意味論」(Lexical Semantics) である．語彙意味論の研究が注目されている背景には，生成文法において辞書 (lexicon) の重要性が増したのに伴い，単語(主に動詞)の意味特性がどのように統語構造に反映されるかという問題に関心が集まってきたことがある．

　本書第 I 部(米山三明担当)は，そのような語彙意味論による「語の意味論」の検討である．ひとくちに語彙意味論といっても，そのアプローチの仕方はさまざまである．第 I 部ではこのうち Jackendoff の「概念意味論」(Conceptual Semantics) を中心に，主として生成文法に基づく考え方の検討がなされる．日本においては，1972 年に世に問われた *Semantic Interpretation in Generative Grammar* 以来，Jackendoff の著書・論文は，統語論および意味論研究には欠かせない文献となっているが，概念意味論の全体像については，従来あまり紹介されることはなかったといってよい．第 I 部では，概念意味論とそれに関連した考え方の整理が明確になされており，意味論を研究する際に大いに役立つ情報が得られるようになっている．

　加えて，第 I 部第 6 章で提案される運動の動詞の分析は，第 5 章まで

の検討を踏まえた注目に値する応用的研究である．Helen Keller の書いた英語からの興味深いデータや空間表示に関する最近の成果を取り入れ，従来の分析とは一味違う味付けで，英語の運動の動詞の全体構造を解明しようとする意欲的な試みである．

　第 II 部(加賀信広担当)では，場所理論に基づく Gruber や Jackendoff の「意味役割理論」が批判的に検討されたのちに，著者自身の場所理論の新たな意味役割理論が提案される．この理論は，位置変化(移動)の主体と状態変化の主体を峻別し，それに異なる意味役割を割りふるという，従来の「場所理論」の考え方に修正をせまる大胆な代案になっている．

　この新しい意味役割理論に基づいて，第 II 部第 3 章では，構文文法などで近年頻繁に取り上げられている英語の 3 つの構文，すなわち，結果構文，二重目的語構文，中間構文に新たな視点からの分析が提示される．そこでは，最新のミニマリスト・プログラムの考え方に従い，動詞句シェルの構造と格照合のメカニズムが有効な道具立てとして採用されており，意味役割理論と統語理論を統合する 1 つの試みとしても注目される．そして，それぞれの構文に生ずることのできる動詞とできない動詞を原理的に区別するという問題が，意味と統語の両方をダイナミックに組み込んだそのシステムによって，見事な形で解決可能になることが示されている．

　第 I 部，第 II 部とも，それぞれ焦点の置きどころは異なるものの，統語論の自律性を基盤として，意味をあくまで統語構造との関連で捉えようとするところは共通しているはずである．第 I 部，第 II 部を通して，生成文法における意味論の位置付けについて，新しい展望が得られることになろう．本書が契機となって，語彙意味論の研究がさらに一層活性化されるとともに，意味論のほかの諸問題の研究も深まることを期待している．21 世紀の言語研究は，意味論研究の飛躍的な発展によって，バランスのとれた科学となろう．

　2001 年 4 月

編　者

目　　次

まえがき　iii

第 I 部　語の意味論　　　　　　　　　　　　　　　　1

はじめに ──────────────────── 3

第 1 章　語彙意味論の概要 ─────────── 5
1.1　語彙意味論の誕生　5
　1.1.1　Jackendoff (1972)　5
　1.1.2　Jackendoff (1983)　7
1.2　語彙意味論の展開　9
　1.2.1　語彙意味論の基本概念　9
　1.2.2　語彙意味論の流れ　11

第 2 章　意味の分析 ──────────────14
2.1　範　疇　化　14
2.2　語　彙　分　解　16
2.3　優　先　規　則　18

第 3 章　意味の構造 ──────────────20
3.1　概　念　構　造　20
　3.1.1　概念形成規則　20
　3.1.2　関数構造　23

vi 目　　次

　　3.1.3　選択制限　25
　　3.1.4　Climb の構造　26
　3.2　事象構造　29
　3.3　語の意味と習得　32

第4章　意味構造と統語構造 ─────────────── 35
　4.1　対応規則　35
　4.2　意味拡張　38
　4.3　生成辞書　40
　4.4　Jackendoff (1997)　43
　　4.4.1　強化構成　43
　　4.4.2　固定表現　44
　4.5　Goldberg (1995)　47
　4.6　アスペクト　48

第5章　言語と空間 ────────────────── 51
　5.1　視　覚　51
　5.2　概念構造と空間表示　53
　5.3　言語と空間のインターフェイス　55

第6章　運動の動詞 ────────────────── 57
　6.1　運動の動詞の分類　57
　　6.1.1　A タイプ: Verbs of Motion (− Manner)　58
　　6.1.2　B タイプ: Verbs of Motion (+ Manner)　60
　　6.1.3　C タイプ: Verbs of Action (+ Motion)　63
　　6.1.4　D タイプ: Verbs of Action (− Motion)　64
　　6.1.5　その他のタイプ　67
　6.2　付加詞規則　69

6.3　非対格性と運動の動詞　70
 6.4　非対格性と way 構文　71
 6.5　Helen Keller と運動の動詞　73
 6.6　英語との比較でみた日本語の運動の動詞　77
 6.7　傾向としての語彙化　81
 6.8　運動の動詞の構造　82
 6.9　空間表示との関連でみた概念構造の位置づけ　83

おわりに ———————————————————— 85

第 II 部　意味役割と英語の構文　　87

はじめに ———————————————————— 89

第 1 章　意味役割理論再訪 ———————————— 91
 1.1　主題関係: Gruber (1965, 1976)　91
 1.2　概念構造: Jackendoff (1990)　99
 1.3　場所理論再考　103

第 2 章　意味役割と統語構造 ———————————— 113
 2.1　状態(変化)文の分析　113
 2.2　動詞句シェル構造と意味役割　126
 2.3　意味役割の階層と表面語順　130
 2.4　単純な《場所》と影響を受けた《場所》　138

第 3 章　英語の構文: 結果構文, 二重目的語構文, 中間構文
 ———————————————————————— 148
 3.1　結果構文　148
 3.2　二重目的語構文　160

3.3　中間構文　171

おわりに ———————————————180

参 考 文 献　183
索　　 引　195

第 I 部

語の意味論

はじめに

　ひとくちに意味論といっても，その様相は生成文法の誕生の前と後では，かなり異なったものになっている．意味論の歴史は，おおむね語の意味の研究にあったといってよい．同義性，反意性などを軸とした意味関係や意味変化を中心に，どちらかというと語の意味が静的に研究されていた．しかし，安井ほか（1983）の「まえがき」にもあるように，Katz and Fodor（1963）を境に大きく変化し，意味論は統語論との関係を含め，言語理論のなかに位置づけられることになった．本書の第 I 部では「語の意味論」を検討するが，語の意味論とはいっても，それは文のレベルを視野に入れた意味論ということになる．

　意味論の方法については，生成文法の展開のなかで，さまざまな提案がなされた．解釈意味論（Interpretive Semantics）と生成意味論（Generative Semantics）は，その代表的なものであるが，結果的には解釈意味論が生成文法における基本的な考え方として，文法のなかに組み込まれることになった．その後，生成文法における意味論は，Jackendoff（1983）によって大きく飛躍することになる．この書は，解釈意味論の延長線上にはあるものの，意味論にも自律性（autonomy）を認めるなど，新しい枠組みを提示したものとして，今日的な意味での「語彙意味論」（Lexical Semantics）の出発点となった研究である．

　本書第 I 部の「語の意味論」は，1980 年代の中葉に登場し，今日にいたる語彙意味論の鳥瞰および各論，応用，そして今後の展望である．しかし，語彙意味論もけっして一枚岩ではなく，実際にはいろいろな考え方が提案されている．本書では，そのうち，Jackendoff の概念意味論（Conceptual Semantics）を軸にしながら，それとの関連において Levin and Rappaport Hovav, Tenny, Pustejovsky などの，いわゆる Chomsky 的な

生成文法を基盤とした研究を取り上げてゆく．

　第I部の構成は，はじめに語彙意味論の流れと概要を示した後，Jackendoffの概念意味論の各論ともいうべき，語の意味分析に関する重要項目について検討する．その後は，他の研究成果をおりまぜながら，意味構造と統語構造の関係を中心に，意味構造がどのように統語構造に連結 (link) されるかをみる．さらに，空間表示 (spatial representation) に関する Jackendoff (1996) や Peterson et al. (1996) の研究をふまえながら，言語と空間のインターフェイス (interface) について，最近の成果を検討する．そして，以上のような語彙意味論の応用として，「運動の動詞」(verb of motion) の分析を試みる．運動の動詞は，ある意味で古くて新しいテーマである．語彙意味論という枠組みのなかで，英語の運動の動詞がどのように分析されるか，また，日本語の運動の動詞との関係はどうかなどを中心に，具体的な検討を試みる．第I部における分析方法は，筆者自身「構造的」なものと考えている．最近さかんに議論されている way 構文などについても，英語の運動の動詞という構造のなかに位置づけて考えようとするものである．そして，以上のような鳥瞰，各論，応用をふまえ，最後に今後の展望を，とくに空間表示との関連から試みることにする．

　本書第I部の内容は，ある程度 Jackendoff を中心としたものになっている．これは，Jackendoff の概念意味論が意味論研究のなかで果たしてきた，役割の重要性と魅力の反映である．Jackendoff 自身は，認知言語学にまわりを囲まれた状況のなかにあっても，いぜんとして Chomsky 的な生成文法を基盤とした研究を続けている．意味論自体が多様化しはじめたこの時点で，生成文法における意味論のひと通りの整理をしてみることは，意義のあるものと考えている．

第1章　語彙意味論の概要

1.1　語彙意味論の誕生

1.1.1　Jackendoff (1972)

　今日的な意味での語彙意味論は，Jackendoff (1983) が出発点となっているとみてよいが，その萌芽は Jackendoff (1972) にさかのぼることができる．この書において，生成文法におけるいわゆる解釈意味論が確立することになるが，その影で消えていった生成意味論の考え方が，姿を変えて今日の認知言語学のなかに取り込まれていることは興味深い点である．

　Jackendoff (1972) における主要な問題は，生成文法の全体構造はどのようなものか，とりわけ，意味に関する規則は統語構造を決定する規則とどのように関係するか，ということであった．Jackendoff が生成文法の全体的な構造を問題にした背景には，生成意味論との理論的な対立があった．生成文法における意味論は，Katz and Fodor (1963) および Katz and Postal (1964) によってその成立をみたが，投射規則 (projection rule) をめぐる Katz and Postal の考え方は，新しい展開を引き出すことになる．生成意味論は，Jackendoff が「強い形の Katz-Postal 仮説」(Katz-Postal Hypothesis, strong form) と呼ぶ，すべての意味情報は基底構造で表示される，という考え方を基盤にしたものであるが，Jackendoff はこの点を中心的な対立軸として，新たな文法の枠組みとして (1) を提案した．

(1)

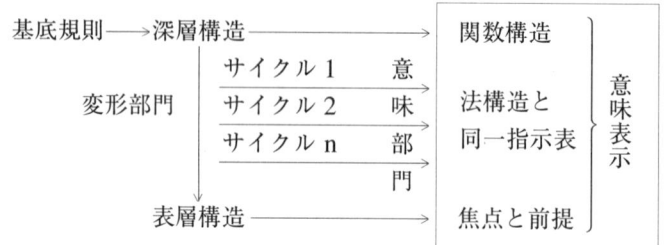

　(1)において示される文法の特徴は，意味部門 (semantic component) に，(a) 関数構造 (functional structure)，(b) 法構造 (modal structure) と同一指示表 (table of coreference)，(c) 焦点と前提 (focus and presupposition) という下位部門が含まれることで，これらが文の意味表示を与えることになる．生成意味論が，意味表示 (semantic representation) は直接基底規則によって生成されるとするのに対し，(1)による文法では，意味表示はあくまで統語構造に依存して，解釈的に引き出されることになる．

　(1)のうち関数構造が，語彙意味論において語彙概念構造 (lexical conceptual structure: LCS) として展開することになるものである．関数構造は，動詞を軸とした階層構造で，Gruber (1965) にみられる主題関係 (thematic relation) の考え方を基盤としている (主題関係については第II部1.1節を参照)．Jackendoff は，(2)における2つの the door は，主語，目的語の違いはあっても，〈主題〉(Theme) という同一の意味機能をもつとし，それぞれの open に (3) のような語彙記載項 (lexical entry) を与えている．

　(2)　a.　The door opened.
　　　 b.　Charlie opened the door.

(3) $\begin{bmatrix} open \\ +V \\ +[NP^1 \underline{\quad}] \\ \begin{bmatrix} CHANGE \\ physical \end{bmatrix} (NP^1, NOT\ OPEN, OPEN) \end{bmatrix}$

$\begin{bmatrix} open \\ +V \\ +[NP^1 \underline{\quad} NP^2] \\ CAUSE\ (NP^1, \begin{bmatrix} CHANGE \\ physical \end{bmatrix} (NP^2, NOT\ OPEN, OPEN)) \end{bmatrix}$

(3)における CHANGE, CAUSE などが意味関数(semantic function)で，今日的な語彙概念構造の原型をみることができる．Jackendoff のねらいは，関数構造を導入することにより，異なる使われ方をしている動詞についても，その共通性をとらえ，従来の深層構造(deep structure)を統語的な一般化を表示するレベルとして保持することにあったといってよい．もちろん(3)の関数構造の表記は，きちんと整備されていない部分もあるが，かえってそれにより，今日までの展開のなかで多くの修正が加えられてきたことをみてとることができる．

　ただし，Jackendoff の体系が文字どおり意味論として確立するためには，認知心理学におけるさまざまな研究成果，Fodor (1975) の「思考の言語」(language of thought) の研究，Marr (1982) の視覚理論，Lerdahl との音楽に関する共同研究(たとえば Lerdahl and Jackendoff (1983) を参照)などが必要であった．これらの研究を生成文法の基本的な考え方のなかに組み込み，意味論の新しい方向を示したものが，Jackendoff (1983) で提示された概念意味論であったといえる．

1.1.2　Jackendoff (1983)

　今日的な語彙意味論は，解釈意味論の延長線上にあると考えてよいが，語彙意味論の誕生に大きなはずみをつけたのは，Jackendoff の *Semantics and Cognition* (1983)（以下，本節では *S&C* と略記）である．Jackendoff は *S&C* 執筆のきっかけについて，その「まえがき」で，動詞 keep が (4) のようにさまざまな意味領域で使われる事実をあげている．

(4) a. keep the book on the shelf（場所の維持）
　　b. keep the book（所有）
　　c. keep Bill angry（特性の維持）
　　d. keep Bill working（強制）

Jackendoff は，この現象は概念 (concept) の構造に由来するものとし，思考と言語構造の関係を解明する新しい枠組みを提示しようとした．

　Jackendoff は *S&C* において，まず意味論の自律性を主張した．それまでの彼の意味論は，あくまで統語論に依存した解釈的なものであったが，*S&C* は意味論を統語論の従属から解き放すことになった．文法全体の枠組みとしては，統語論，意味論，音韻論はモジュール (module) として，それぞれ独自の構造と働きが与えられることになる．

　S&C は，従来から論じられてきた意味論が満たすべき条件として，(a) 自然言語における意味の差異を正しく記述する表現性 (expressiveness)，(b) 言語間の翻訳可能性を支える意味構造の普遍性 (universality)，(c) 文の意味にみられる，部分を全体に関係づける構成性 (compositionality) を備えていること，そして，(d) 同義性 (synonymy) や分析性 (analyticity) などの「意味の特性」(semantic properties) を正しく説明できることをあげている．しかし，これだけでは，思考と言語（とくに統語構造）の関係を十分に説明できないとし，*S&C* ではこれらのほかに，文法制約 (Grammatical Constraint) と認知制約 (Cognitive Constraint) が追加された．前者は，意味論が，辞書 (lexicon) と統語論のあいだにある一般性を正しく説明するものでなければならないこと，後者は，意味論が，言語的な情報と他の感覚器官（視覚 (vision) や運動感覚 (kinesthesia) など）からの情報を両立させるような，心的表示 (mental representation) のレベルを備えていなければならないことを述べたものである．このようなレベルがなければ，種々の感覚を言語で表現することはできないというのが

Jackendoff の主張であり，この心的表示のレベルが，概念構造（conceptual structure: CS）と呼ばれるものである．

このように，S&C においては文法制約と認知制約が提案されたが，これらは制約というよりは，むしろ Jackendoff の意味論が，統語構造との対応を重視すること，また，種々の感覚様相が結びつくレベルとして概念構造を設けることを宣言した，1つの主張と考えてよいであろう．これが今日の語彙意味論の引き金になった，概念意味論の誕生である．なお，文法制約を設けたことは，概念意味論が意味論の自律性を標榜しつつも，やはり解釈的な面が強かったことを示しているように思われる．

1.2 語彙意味論の展開

1.2.1 語彙意味論の基本概念

語彙意味論はけっして一枚岩ではないが，以下に示す Jackendoff (1991, 11) の所見には，語彙意味論の特徴的な考え方が示されている．

> 語彙意味論の主要な問題は，以下のように表されることになる．(a)（たとえば英語の）語彙項目には，概念構造のどのような部分が表示されるか，(b) 語彙項目が統語的に結合する場合，概念構造ではどのような結合が起こり，統語構造と概念構造の対応はどのような原理によってなされるか．

語彙意味論の中心的問題は，単語(主として動詞)の意味がどのように統語構造に反映されるか，ということにあると考えてよいであろう．

語彙意味論の基本的な概念としては，語彙概念構造と「構成性の原理」(principle of compositionality) がある．Jackendoff (1972) の解釈意味論では関数構造が，生成意味論では語彙分解 (lexical decomposition) が重要な役割を果たしたが，これらが語彙概念構造の基盤となっている．しかし，ひとくちに語彙概念構造といっても，実際にはいろいろな表記の仕方がある．たとえば，(5a) と (6a) は，それぞれ (b) に示した文の意味構造を表している．

(5) a. [Event GO ([Thing BILL], [Path TO ([Place IN ([Thing HOUSE])])])]
　　b. Bill went into the house.　　　　（Jackendoff 1991）
(6) a. [x CAUSE [y BECOME (AT) z] BY [x 'wipe' y]]
　　b. Evelyn wiped the dishes dry.

（Levin and Rapoport 1988）

　Jackendoff による (5a) のような表記は，語彙意味論のなかではむしろ特殊といえる．これは Jackendoff の概念意味論が，対応規則を基盤にしたものであることとも関係している．（なお，Jackendoff の場合，とくに最近では，心的表示のレベルには「概念構造」，動詞などの語彙項目（lexical item）の意味構造には「語彙概念構造」を使って区別することもあるが，従来は，「概念構造」という用語が共通に使われていたと考えてよいようである．本書の第Ⅰ部では，主として Jackendoff の提案した概念構造を取り上げるが，語彙意味論で扱う意味構造について一般的に言及する場合には，「語彙概念構造」という用語を使用することにする．）

　構成性の原理は，一般的には「全体の意味は部分の総和による」と表すことができる．言語における意味と形式の関係を考えた場合，文全体の意味を，当該の文を構成する要素の総和としてとらえることになる．構成性の原理は，語彙分解と連動していると考えることもできる．分解した部分を全体にまとめる操作は，いずれ必要になるからである．たとえば (5a) と (5b) の場合は，意味構造と統語構造をほぼ平行した形で対応させることができる．しかし，意味と形式の対応については，単純な総和では説明できない場合がある．たとえば Levin and Rapoport (1988) においては，(6b) の文に関して「語彙従属」(lexical subordination) という操作が提案されている．(6a) の場合でいえば，主動詞 wipe が，意味構造では従属的なものとして位置づけられているわけである (4.2 節を参照)．統語構造と意味構造のあいだに単純な平行性がみられない場合には，構成性の原理を補うために何らかの操作が必要になる．語彙意味論においては，この種の操作に関してさまざまな提案がなされている．

　また，Pustejovsky (1991) では，事象構造 (event structure) という考え方が導入されている．たとえば，(7b) では着点句 (goal phrase) が付

加されているが，この場合は「過程」(Process)から「推移」(Transition)への状態変化としてとらえ，それを事象合成 (event composition) として説明している.

(7) a. Mary ran.
b. Mary ran to the station.

このほか，Tenny (1994) は，主題構造 (thematic structure) はどのように項構造 (argument structure) に連結されるかという問題を，動詞のアスペクト (aspect) を軸に分析している．その基本的な考え方は，直接内項 (direct internal argument) には事象を「測定する」(measure out) 働きがあり，それにより事象が限定 (delimit) されることがあるというものである．そして，この被限定性 (delimitedness) の有無が種々の統語的現象に関与している，と考えることになる.

以上，語彙意味論の基本的な考え方を概観した．語彙意味論の扱う対象は，統語論と意味論のインターフェイスであると言ってよい．そのさい，意味と形式という2つの領域について，どのへんに軸を置くか，また，どのような現象に光をあてるかによっても，その枠組みには違いが出てくることになる.

1.2.2 語彙意味論の流れ

Jackendoff (1983) の概念意味論の流れは，その後 Jackendoff (1987, 1990, 1992, 1997) と続くことになる．たとえば Jackendoff (1987) は，言語，視覚，音楽の3つの領域を取り上げ，視覚や音楽にも言語の構造と平行したものが存在することを指摘し，それぞれの領域はいくつかの心的表示のレベルで構成されていること，また，それぞれの心的表示は，いくつかの基本的要素 (primitive) と構成性の原理からなることを示した．Jackendoff (1990) では，主として概念構造と統語構造を関係づける対応規則について，具体的な分析を試みている．また，とくに Chomsky の理論との関係でいえば，Jackendoff (1997) が，ミニマリスト・プログラム (Minimalist Program) の枠組みにおける意味論の位置づけについて提案

を試みている.たとえば,イディオムや各種の固定表現(fixed expression)の意味解釈については,ミニマリスト・プログラムにおける基本的操作である「併合」(merge)と論理形式(logical form: LF)における解釈では,十分にとらえることができないとし,イディオムなどに対し,対応規則を盛り込んだ語彙記載項の設定を提案している.

Levin and Rapoport(1988)の流れは,Levin and Rappaport Hovav(1995)により,大きく展開することになる.そこでは,統語論と意味論のインターフェイスの問題として,非対格性(unaccusativity)を取り上げ,非対格性は統語的に表示されるものの,それを決定するのは意味的な要素であると主張している.

way構文をはじめとして,いわゆる固定表現の分析については,Jackendoff(1997)も述べているように,Goldberg(1995)の構文文法(Construction Grammar)の考え方と概念意味論のあいだに,かなり共通した面がみられることは確かである.概念意味論など生成文法を基盤とした意味論と,認知言語学のあいだの対立軸は,当面「統語論の自律性」にあるとみてよい.モジュール性(modularity)や形式主義(formalism)の問題を含め,今後両者がどのような関係になってゆくかは,興味深いところである.

語彙意味論については,計算言語学(computational linguistics)からのアプローチも盛んである.Pustejovsky(1991)の考え方は,Pustejovsky(1995)として展開する.Pustejovskyは,辞書に関する従来の静的な見方からの脱却をとなえ,意味論にも,統語論と平行した「生成的」な枠組みが必要であることを主張する.語彙意味論の目的は,語の創造的使用の解明にあるとし,語の意味の多義性を解明するモデルを提案している.具体的には,意味の表示レベルとして,項構造,事象構造,特質構造(qualia structure),語彙継承構造(lexical inheritance structure)の4つを設定するとともに,生成的メカニズムとして,意味的変形ともいうべき「タイプ強制」(type coercion),「選択束縛」(selective binding),「共構成」(co-composition)の3つを導入している.なお,Pustejovskyの計算言語学的な語彙意味論の枠組みについては,Jackendoff(1997)が特質

構造やタイプ強制の考え方を積極的に取り入れている点が興味深い．
　以上，語彙意味論の基本的概念と展開を概観した．このうち，とくに意味表示のレベルに関しては，語彙概念構造，項構造，事象構造，特質構造などいくつかの構造が提案されているが，どのレベルでどのような情報をとらえるかについては，かならずしも意見が一致しているわけではない．以下ではこのような点をふまえながら，語彙意味論の全体像を探ることにする．

第2章 意味の分析

2.1 範疇化

　人間の認知にとってもっとも基本的なことは，ある物がある範疇（category）に属すかどうかを判断する能力を備えているということ，と考えてよいであろう．Jackendoff (1983) によれば，この範疇化（categorization）こそ，概念構造が担う役割ということになる．概念構造は，種々の感覚様相からの情報が集まるレベルであり，範疇化が行なわれるとすれば，このレベルになるはずである．1.2.2節で簡単にふれたが，概念意味論の中心には，心的表示の考え方がある．一般に，心的表示は基本的要素と結合の原理（principle of combination）によって規定される．適切な心的表示が存在しなければ，われわれは判断（judgment）や区別（distinction）をすることはできないというのが，概念意味論の基本的な考え方である．そして，意味は心的に表示されるものであるという考え方が，概念意味論においては範疇化の基盤になる．たとえば，(1)において，線的な連続性がないにもかかわらず，われわれは4つの点によって「正方形」を認識することができるが，このことは正方形の判断において必要なものは，「空間的な連続性」ではなく，「心的に表示された連続性」であることを示している．（他の例については，5.3節を参照．）

(1)　・　・

　　　　・　・

　範疇化(あるトークン([TOKEN])がどのようなタイプ([TYPE])に属すかの判断)に関連して，たとえば Fodor (1975) は，すべての可能な [TYPE] は分析不可能な単子 (monad) と考える．これに対して Jackendoff (1983), は [TYPE] が何らかの内部構造をもたなければ，人が新しい [TOKEN] に出会ったさい，どの [TYPE] に属すかについては適切な判断はできないはずであるとし，[TYPE] はその内部構造の一部に，新しい範疇化を可能にさせるような原理 (principle) ないしは条件 (condition) を備えているものと主張する．

　ゲシュタルト心理学は，有名な人間の顔と盃の曖昧図形にみられるように(本シリーズ第1巻『ことばの仕組みを探る』p. 179 を参照)，一般に人が外界のものを認識するさい，それを判断するための必要十分条件は設定できないとしたが，同様の観察が Labov (1973) にもみられる．Labov は (2) にみられるような現象から，範疇化には yes / no / not-sure という判断が必然的に伴い，それを必要十分条件で規定することはできないとした．

(2)

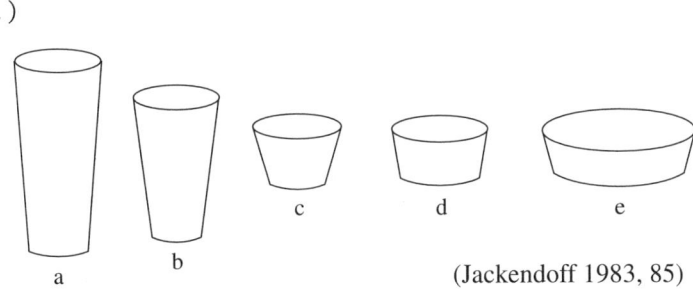

(Jackendoff 1983, 85)

　このような観察をふまえ，Jackendoff (1983, 86) は範疇化の特徴を，以下のようにまとめている．

(3) a. 範疇化の判断は創造的なものである．したがって，規則によって支配されているはずである．
    b. 規則は通例無意識である．
    c. 判断は yes / no / not-sure のパターンをもち，必要十分条件で規定することはできない．
    d. 境界線上の場合には，判断の真（truth）について問うことはむずかしい．

このような特徴は，人間の心的な働きすべてについてあてはまると思われ，言語の意味を分析するさいには，重要な前提として考えてよいものであろう．

2.2 語彙分解

語彙分解は，生成意味論における基本的な道具立てであったが，その不備についてはいろいろの場面で指摘された．たとえば Fodor (1970) は，kill を CAUSE TO DIE から派生する考え方について，(4) のような例をあげ，2つの表現はかならずしも同じではないことを示した．

(4) a. John caused Bill to die on Sunday by stabbing him on Saturday.
    b. *John killed Bill on Sunday by stabbing him on Saturday.

しかし同時に，(5) にみられるように，語彙分解を用いることにより，統語的な振る舞いが説明できることも指摘された(太田・梶田 1974)．

(5) a. Yesterday John lent me his bicycle until tomorrow.
    b. John LET me [$_S$ I KEEP his bicycle until tomorrow] yesterday.

(4)，(5) は，単一の動詞と複合的な表現のあいだの意味のずれは，それぞれのケースにおいて程度の差がありうることを示しているが，語彙分解の手法をそのまま固定した形ですべての場合に適用することは，無理と考えたほうがよいようである．ただし，今日的な語彙意味論の発展は，いか

にして語彙分解の不備を補うかという問題意識と関連している点には注目してよいであろう．従来の語彙分解は，いわゆる必要十分条件を基盤としたものであり，そのため，すべての場合にあてはめることには無理があることになる．これは前節の範疇化の問題でみたとおりである．しかし，単語の意味が内部構造を備えた心的表示であるとする考え方を維持するとすれば，とるべき方法は，語彙分解を柔軟な形で意味分析のなかに組み込むことになろう．

また，必要十分条件を基盤とするアプローチについては，いわゆるファジー集合（fuzzy set）との関連でも問題になる．ファジー集合は，明確に定義された境界をもたない集合である．言語が表現する概念について考える場合，これは避けられない特徴と言える．たとえば Wittgenstein (1953) は，game を例にして，家族的類似（family resemblance）を示すような場合は，必要十分条件では規定できないことを示している．

以上のようなことをふまえ，Jackendoff (1983) は意味分析のさいに使用する条件として，次の3つをあげている．

（6）　a.　必要条件（necessary condition）
　　　b.　中心条件（centrality condition）
　　　c.　典型条件（typicality condition）

必要条件としては，たとえば red が COLOR，tiger が THING という意味特徴を含む場合である．中心条件は，色合いやコップにおける高さと幅の比率などに関するもので，連続性をもつものに関して，その中心的・焦点的な値を指定するものである．最後の典型条件は，game における「競争」の要素，tiger における「縞模様」などがそれで，典型的には含まれるが，例外も許す場合について言う．Jackendoff は，中心条件と典型条件の違いとして，色彩の「赤」とりんごの「赤」をあげている．前者は連続する段階的概念であり，中心的な赤から離れれば離れるほど，赤については悪い例となるが，「例外的な赤」が存在することはない．反対に，黄色いリンゴや青いリンゴなどがあることから，リンゴにおける赤は典型条件であるとしている．

2.3 優先規則

範疇化と語彙分解について検討するなかで,語の意味は以下のような性質をもつことをみた.

(7) a. 心的に表示される.
  b. 内部構造をもつ.
  c. 必要十分条件では規定できない.

(7b)は,いぜんとして語彙分解を意味分析の手段として用いることを示しているが,その場合は(7c)との共存を考えなくてはならない.上記(7)の3つの要件を同時に満たすためには,心的表示を構成する基本的要素と結合の原理の関係を柔軟にすることが必要になる.人間の心的な働きは,まさにこの柔軟さによって支えられているわけである.日常生活においては,いくつかの選択が可能な場合,それぞれの状況のなかでもっとも好都合なものや緊急性の高いものを優先しているはずである.語の意味についても同じことが言えるが,Jackendoff (1983)はそれを説明するために,優先規則 (preference rule) という考え方を提案している.

Jackendoff が優先規則を考えるきっかけになったのは,音楽におけるグループ化である.Jackendoff (1983)では,たとえばモーツァルトの交響曲第40番については,(8)に示したものがもっとも自然なグループ化であると述べている.

(8)

Jackendoff は,人間が音楽を聞くさいには,すべての可能性のなかからもっとも優先性の高い構造が,心的に表示されると考える.このようにして選択された構造が,もっとも安定しており,人間の音楽的直感に適合す

るものになるというわけである．Jackendoff (1983) は，このような音楽における優先規則の原理は，語の意味についてもあてはまると考え，see について以下のような例をあげている．

(9)　a.　I must have looked at that a dozen times, but I never saw it.
　　　b.　I must have seen that a dozen times, but I never noticed it.

どちらの文も，「それを何度もみたけれど，気がつかなかった」のような意味であるが，(9a) と (9b) で使われている see は意味が異なると考えられ，Jackendoff はその2つの see を (10a)，(10b) のように表している．

(10)　a.　"x sees$_a$ y": "y comes to x's visual awareness"
　　　b.　"x sees$_b$ y": "x's gaze goes to y"

しかし，この違いにより，see を同音異義的な別々の動詞とするのは不自然であるとし，Jackendoff は (10) の2つの意味については，それぞれを see の典型条件と考える．それは，どちらか一方だけでも「みる」という行為は成立するというもので，(11) の see は，2つの意味をあわせもつもっとも普通の場合であるとしている．

(11)　I saw Bill.

このように Jackendoff は，see は家族的類似の性質をもっており，その説明には優先規則の考え方が有効であるとしている．（なお，3.1.4節では climb の意味分析についてふれるが，そこで優先規則の具体的な適用をみることにする．）

　優先規則の体系は，潜在的に衝突する可能性をもつ規則が適用されるさいの，一種のバランス効果として考えることができる．毎日の生活のなかで，われわれは無意識のうちに，優先規則的なプロセスをふんでいるはずであり，このような優先規則を意味分析のなかに組み込むことは，十分説得力のあるものといえよう．

第3章 意味の構造

3.1 概念構造

3.1.1 概念形成規則

1.2.1節では，語彙概念構造の概要についてふれたが，本節ではJackendoff (1983, 1990, 1991) を中心にして，概念意味論における概念構造の構成についてみることにする．

概念構造を形成する概念形成規則 (conceptual formation rule) には，意味論的品詞ともいうべき概念成分 (conceptual constituent)（事象 (Event)，状況 (State)，事物 (Thing)，場所 (Place)，経路 (Path) など）と各種の関数 (function) が含まれる．これらの範疇は，(1) のような句構造規則に似た規則により，複合的な構造に展開されることになる．

(1) a. $[\text{PLACE}] \rightarrow \begin{bmatrix} \text{PLACE} \\ \text{PLACE-FUNCTION} ([\text{THING}]) \end{bmatrix}$

b. $[\text{PATH}] \rightarrow \begin{bmatrix} \begin{Bmatrix} \text{TO} \\ \text{FROM} \\ \text{TOWARD} \\ \text{AWAY-FROM} \\ \text{VIA} \end{Bmatrix} \left(\begin{Bmatrix} [\text{Thing } y] \\ [\text{Place } y] \end{Bmatrix} \right) \end{bmatrix}_{\text{Path}}$

第 3 章　意味の構造　21

$$
\begin{aligned}
\text{c.} \quad [\text{EVENT}] &\rightarrow \left\{ \begin{array}{l} [_{\text{Event}} \text{Go} ([_{\text{Thing}} x], [_{\text{Path}} y])] \\ [_{\text{Event}} \text{STAY} ([_{\text{Thing}} x], [_{\text{Place}} y])] \end{array} \right\} \\
[\text{STATE}] &\rightarrow \left\{ \begin{array}{l} [_{\text{State}} \text{BE} ([_{\text{Thing}} x], [_{\text{Place}} y])] \\ [_{\text{State}} \text{ORIENT} ([_{\text{Thing}} x], [_{\text{Path}} y])] \\ [_{\text{State}} \text{GO}_{\text{Ext}} ([_{\text{Thing}} x], [_{\text{Path}} y])] \end{array} \right\} \\
[\text{EVENT}] &\rightarrow \left\{ \begin{array}{l} [_{\text{Event}} \text{CAUSE} ([_{\{\text{Thing}/\text{Event}\}} x], [_{\text{Event}} y])] \\ [_{\text{Event}} \text{LET} ([_{\{\text{Thing}/\text{Event}\}} x], [_{\text{Event}} y])] \end{array} \right\}
\end{aligned}
$$

((1c) における関数 GO_{Ext} は，道路が，ある場所からある場所へ伸びている状況などを表す．)

　たとえば (1a) では，場所を表す範疇が関数と項に展開され，指示地点を示す項に基づいて，関数がその領域を指定する．(1b) は，経路を展開する同様の規則である．最終的には，(a) と (b) を埋め込む形で，事象や状況に対応する規則 (1c) が展開されることになる．1.1.2 節でみた keep の多義性については，概念構造を通してみると，そこに共通性のあることがわかる．場所や所有など意味の場は異なっても，その基本的な構造は，比較的少数の関数の組み合わせによって，共通に記述できるということである．

　Jackendoff の概念意味論では，(1) にみられるような概念形成規則は，生得的なものと考えられている．Jackendoff は，単語の意味の習得とは，概念形成規則のなかで利用可能な基本的要素と結合の原理から，構造化された結合を構築することであると考える．その意味では，単語の意味の習得は，積極的で建設的な過程ということになる．このようななかで，Jackendoff にとっての重要な問題は，概念の形成とその習得を可能にさせるような，生得的な基本的要素と結合の原理はどのようなものか，ということになる．多義性の問題は，keep だけでなく，(2) のような例についてもみることができる．

（2）　a.　空間的位置 (spatial location) と移動 (motion)

i. The bird went from the ground to the tree.
   ii. The bird is in the tree.
   iii. Harry kept the bird in the cage.
  b. 所有 (possession)
   i. The inheritance went to Philip.
   ii. The money is Philip's.
   iii. Susan kept the money.
  c. 特性の帰属 (ascription of properties)
   i. The light went / changed from green to red.
      Harry went from elated to depressed.
   ii. The light is red.
      Harry is depressed.
   iii. Sam kept the crowd happy.
  d. 活動の予定 (scheduling of activities)
   i. The meeting was changed from Tuesday to Monday.
   ii. The meeting is on Monday.
   iii. Let's keep the trip on Saturday. (Jackendoff 1990)

Jackendoff は，Gruber (1965) の主題関係についての考え方 (Jackendoff はそれを主題関係仮説 (Thematic Relations Hypothesis) と呼んでいる) に基づき，(2) にみられる，空間概念と所有など抽象的な概念の平行性は，(3) のような基本的な概念の関数構造によって説明されるべきであると考える．

(3) a. [$_{Event}$ GO ([ ], [$_{Path}$ FROM ([ ]) TO ([ ])])]
   b. [$_{State}$ BE ([ ], [$_{Place}$])]
   c. [$_{Event}$ STAY ([ ], [$_{Place}$])]

(2) に示された違いは，意味領域の違いにすぎず，重要な点は4つの意味領域が平行した概念構造をもつことであると主張する．Jackendoff は，所有や権利のような基本的な関係は，観察や教育によって習得されるのではなく，概念形成規則で利用できる生得的なものと考える．

3.1.2 関 数 構 造

　前節では，概念構造の構成を中心にみた．語彙概念構造は通例，関数構造として表示されるが，そのさい，関数としてどのようなものを使用するかについては，かならずしも統一されているわけではない．たとえば，前節でみたもののほかに，Jackendoff (1991) では，部分 (part) と境界 (boundary) について，関数構造を用いた分析が示されている．

　一般に，可算名詞 (count noun: たとえば apple) と質量名詞 (mass noun: たとえば water) の違いと，The light flashed. と Bill slept. という 2 つの事象の違いのあいだには，ある種の平行性がみられるが，Jackendoff は言語にみられるこのような違いに注目し，それを素性 (feature) と関数の組み合わせによって，広範な現象について説明しようとした．

　まず素性として，[±bounded (±b)] と [±internal structure (±i)] を想定する．可算名詞としての個体 (individual) や有界 (bounded) の事象は ＋b，質量名詞や非有界 (unbounded) の過程は －b として表示される．また，一般に複数名詞で表される集合 (aggregate) は ＋i，質量名詞として表される実質 (substance) は －i として表示される．Jackendoff (1991) は，これらの素性の組み合わせとして次のような例をあげている．

（4）　a.　＋b, －i:　個体（例: a pig）
　　　b.　＋b, ＋i:　グループ（例: a committee）
　　　c.　－b, －i:　実質（例: water）
　　　d.　－b, ＋i:　集合（例: busses, cattle）

(4) のような組み合わせは，次のような事象／過程の領域にも適用される．

（5）　a.　＋b, －i:　限定事象（例: John ran to the store.）
　　　b.　－b, －i:　非有界の同質過程（例: John slept.）
　　　c.　－b, ＋i:　非有界の反復過程（例: The light flashed continually.）
　　　d.　＋b, ＋i:　有界の反復事象（例: The light flashed until dawn.）

Jackendoff のねらいの 1 つは，(5d) にあげた例文の概念構造の記述であ

るが(これについては 4.1 節を参照)，それとの関連で，いくつかの素性と関数が提案されている．そのうち，個体としての項を集合に写像する関数 PL (plural) と，項が個体やグループの場合に，それを実質や集合に写像する関数 GR (grind) については，次のような例をあげている．たとえば，a dog を (6a) のように表した場合，複数の dogs については，(6b) と (6c) の 2 つの可能性が考えられる．これについて Jackendoff は，(6b) の場合には a dog の構造がみえなくなってしまうということで，複数を形成する関数 PL を用いた (6c) を採用している．

(6) a. $\begin{bmatrix} +b, -i \\ _{Mat}DOG \end{bmatrix}$ = a dog

b. $\begin{bmatrix} -b, +i \\ _{Mat}DOG \end{bmatrix}$ = dogs

c. $\begin{bmatrix} -b, +i \\ _{Mat}PL\left(\begin{bmatrix} +b, -i \\ _{Mat}DOG \end{bmatrix}\right) \end{bmatrix}$ = dogs

一方，GR は個体としての項を実質として解釈するもので，(7a) における dog に対しては，(7b) のような構造を与えている．

(7) a. There was dog all over the street.

b. dog (substance) = $\begin{bmatrix} -b, -i \\ _{Mat}GR\left(\begin{bmatrix} +b, -i \\ _{Mat}DOG \end{bmatrix}\right) \end{bmatrix}$

(7a) は，たとえば犬が自動車にひかれた場合などの表現で，dog が (8) における質量名詞の water と同じように解釈される．

(8) There was water all over the floor.

なお，この GR については，(9b) の進行形の解釈のさいにも現れるとしている．

（9） a. Bill runs to the store.
　　　 b. Bill is running to the store.

Jackendoff (1991) では，このほかにいくつかの関数が提案されているが，概念意味論における関数は，対応規則の一環であると考えてよいものである．したがって，他の研究に比べると，その場かぎり的 (ad hoc) にみえる関数も提案されているように思えるが，意味解釈の1つの方策という観点からみれば，興味深い分析といえる．

3.1.3　選　択　制　限

　3.1.2節では概念関数についてみたが，語彙概念構造に単語のどのような情報が盛り込まれるかという点については，かならずしも一致したものがあるわけではない．たとえば，動詞の下位範疇化 (subcategorization) は，統語的な違いの基盤となる点で重要な情報になるが，いわゆる選択制限はどうであろうか．一般に選択制限は，語の指示物についての百科事典的 (encyclopedic) な知識から派生するもので，どちらかというと語用論的なものと考えられている．これについて Jackendoff (1990) は，選択制限も概念構造の問題であるとし，たとえば drink について，(10) のような語彙記載項を提案している．

（10）
$$\begin{bmatrix} \text{drink} \\ \text{V} \\ \underline{} \langle \text{NP}_j \rangle \\ [_{\text{Event}} \text{CAUSE} ([_{\text{Thing}} \quad]_i, [_{\text{Event}} \text{GO} ([_{\text{Thing}} \text{LIQUID}]_j, \\ [_{\text{Path}} \text{TO} ([_{\text{Place}} \text{IN} ([_{\text{Thing}} \text{MOUTH OF} ([_{\text{Thing}} \quad]_i)])])])]) \end{bmatrix}$$

(10) において選択制限は，指標 j が付与された成分の，LIQUID という概念情報である．そして，Jackendoff (1990) は，(10) のような語彙記載項を以下のような文にあてはめて，選択制限の有用性を強調する．

(11) a. Harry drank the wine.
b. Harry drank.
c. *Harry drank the powder.
d. *Harry drank the sincerity.

(11a)においては，概念構造における項と統語構造における項を関係づける項融合（argument fusion）により，wine の読みと LIQUID が融合されるが，そのさい，重複する（redundant）特徴である LIQUID が消去される．(11b)においては，指標 j をもつ成分と融合する NP がないため，単に「液体」(liquid)という読みが与えられる．(11c)においては，SOLID とでも言うべき特徴をもつ powder と LIQUID が融合するが，選択制限のため衝突し，非文法的となる．最後に(11d)の場合は，動詞が事物を要求するにもかかわらず，目的語が特性（Property）であるため，主要範疇素性（major category feature）の衝突となるというものである．

このように，Jackendoff は選択制限を，主要部が供給する重要な概念情報として位置づけている．なお，選択制限に関するこのような主張が，Jackendoff (1990) の run と jog の分析に対する Taylor (1996) の批判のなかで引用されている点は，少々皮肉でもある．(6.1.2 節を参照．)

3.1.4　Climb の構造

以上，概念構造の構成を軸に検討してきた．3.1 節のまとめを兼ね，Jackendoff による climb の分析をみておくことにする．そこには，優先規則をはじめとして，Jackendoff の概念構造の基本的な考え方が示されている．

Jackendoff (1985) は，climb に対しては次のような 3 つの下位範疇化を考える．

(12) a. [__]:　　Bill climbed.
b. [__ NP]:　Bill climbed the ladder.
c. [__ PP]:　Bill climbed along the roof.

climb は (13) が示すとおり，PP と共起するさい，かならずしも上方運動 (UPWARD) である必要はない．

(13)　Bill climbed down the ladder.

また，人間が主語の場合は，様態 (Manner) として「這う」とでも言うべき要素が加わる．(これについて Jackendoff は，空間の運動情報として CLAMBERING という特徴を想定している．) そして (14) が示すように，climb は主語として人間だけをとるわけではないが，人間以外の場合には，(15) におけるように下方運動において制限がある．

(14)　a.　The train climbed.
　　　b.　The train climbed the mountain.
　　　c.　The train climbed out of the valley.
　　　d.　The temperature climbed (to 102 degrees).
(15)　a.??The train climbed down the mountain.
　　　b. *The temperature climbed down to 20.

さらに，(12b) のような他動詞用法の場合には，上方運動 (UPWARD) と「頂上へ」(TO TOP OF) という 2 つの要素が含まれるほか，(14) に示すように，目的語との接触 (contact) とでも言うべき条件が加わる．(Jackendoff はこれについては，VIA と ON を使って表している．) 自動詞用法の場合には，(17) におけるように，接触の条件は必要ない．

(16)　a.　The train climbed the mountain.
　　　b. *The airplane climbed the cloud.
(17)　a.　The airplane climbed through the cloud.
　　　b.　The airplane / smoke / temperature climbed.

Jackendoff はこれらのデータから，climb について (18) のような語彙記載項を提案する．

(18) $\begin{bmatrix} \text{climb} \\ +\text{V}, -\text{N} \\ [\underline{\quad} (XP_j)] \\ \begin{bmatrix} \text{GO}\,(i, \begin{bmatrix} \{j\} \\ \begin{Bmatrix} \text{TO TOP OF } [_{\text{Thing}}\,j] \\ \text{VIA } [_{\text{Place}} \text{ ON } [_{\text{Thing}}\,j]] \end{Bmatrix} \end{bmatrix}) \\ _{\text{Path}}\,\text{P (UPWARD)} \\ _{\text{Event}}\,\text{P ([}_{\text{Manner}}\,\text{CLAMBERING])} \end{bmatrix} \end{bmatrix}$

(18)において,演算子(operator)Pのついたもの(UPWARDとCLAMBERING)が優先素性(preference feature)で,概念構造に表示される場合とされない場合があることになる.(なお,(18)における経路のうち,{j}が自動詞の場合を,関数としてTO TOP OFとVIAを使っている表記が他動詞の場合を示す.)Jackendoffによれば,(12),(13)で取り上げた文の統語構造と概念構造の対応は,以下のようになる.

(19) Bill climbed the ladder. (=12b)

$\begin{bmatrix} \text{GO (BILL,} \begin{bmatrix} \text{TO TOP OF } [_{\text{Thing}}\,\text{LADDER}] \\ \text{VIA } [_{\text{Place}} \text{ ON } [_{\text{Thing}}\,\text{LADDER}]] \\ _{\text{Path}}\,\text{UPWARD} \end{bmatrix}) \\ _{\text{Event}}\,[_{\text{Manner}}\,\text{CLAMBERING}] \end{bmatrix}$

(20) Bill climbed. (=12a)

$\begin{bmatrix} \text{GO (BILL, }[_{\text{Path}}\,\text{UPWARD}]) \\ _{\text{Event}}\,[_{\text{Manner}}\,\text{CLAMBERING}] \end{bmatrix}$

(21) Bill climbed down the ladder. (=13)

$\begin{bmatrix} \text{GO (BILL, }[_{\text{Path}}\,\text{DOWN THE LADDER}]) \\ _{\text{Event}}\,[_{\text{Manner}}\,\text{CLAMBERING}] \end{bmatrix}$

一方,(22)の場合には,優先素性としてのUPWARD,CLAMBERINGの両方が抑圧されるために非文になるとしている.

(22) ??The train climbed down the mountain. (=15a)

以上，少し細かくなったが，Jackendoff の climb の分析をみた．(i) 複数の下位範疇化，(ii) 人間以外のものが主語になりうること，(iii) 運動の方向がかならずしも上方だけに限らないこと，さらに，(iv) かならずしも目的語指示物の頂上に着かなくてもよいことなど，複雑に絡み合った条件を規定するためには，柔軟な優先規則の導入が有効であることが示されている．

3.2 事象構造

意味の構造として，ここまでは Jackendoff の概念構造を中心に検討してきたが，それと関連するものとして，Pustejovsky (1991) の事象構造についてみておくことにする．なお，この事象構造の考え方自体はとくに新しいということはなく，Vendler (1967) や Declerck (1979) をはじめとして，いわゆるアスペクトの問題として，従来から論じられてきたものである．

Pustejovsky (1991) では，生成辞書 (generative lexicon) と呼ばれるモデルにおける，動詞の分析が提案されている．Pustejovsky は，文法的現象は事象の内部構造に依存するという想定に基づき，意味表示のレベルとして，事象構造を設定する．Pustejovsky によれば，事象は次のような3つのタイプに分類される．

(23)　a.　状態 (State: S)
　　　b.　過程 (Process: P)
　　　c.　推移 (Transition: T)

これらは，(23a) の「状態」が単一の事象，(23b) の「過程」が事象の連続，(23c) の「推移」が状態変化として区別されるが，Pustejovsky はそれぞれについて，次のような例をあげている．

(24)　a.　The door is closed.　（状態）

b.
$$S$$
ES:
$$e$$
LCS′:
LCS: [closed (the-door)]
[closed (the-door)]

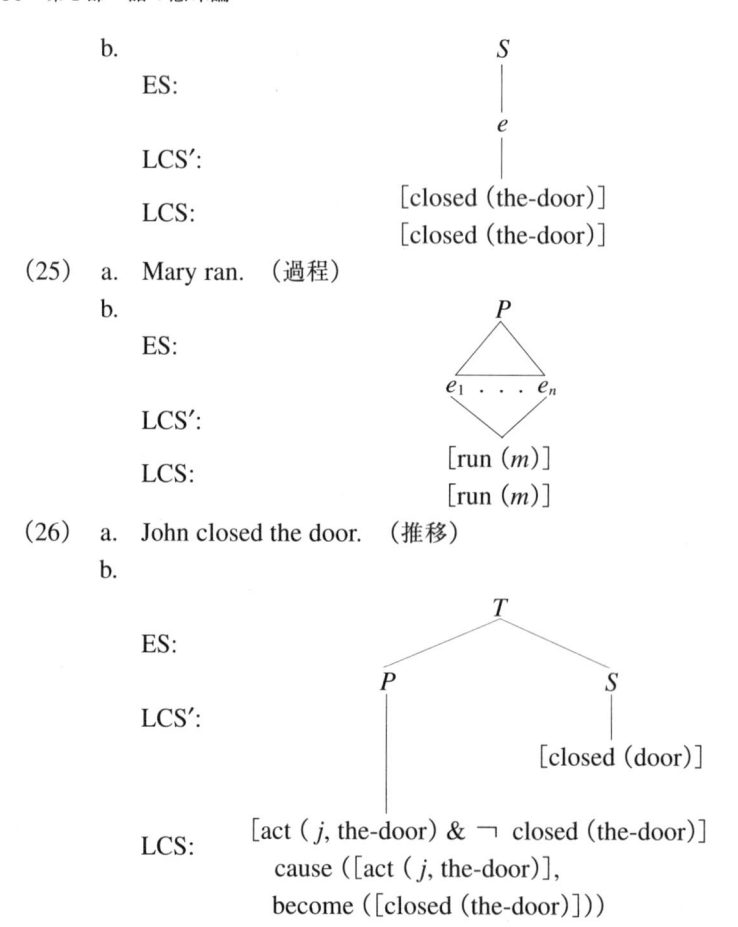

(25) a. Mary ran. （過程）
b.
ES:
$$P$$
$$e_1 \ldots e_n$$
LCS′:
LCS: [run (m)]
[run (m)]

(26) a. John closed the door. （推移）
b.
ES:
$$T$$
$$P \quad\quad S$$
LCS′:
[closed (door)]
LCS: [act (j, the-door) & ¬ closed (the-door)]
cause ([act (j, the-door)],
become ([closed (the-door)]))

LCS′ は「語彙概念構造のような」構造で，動詞のクラスの違いが特徴づけられるレベルを，また，LCS は述語分解 (predicate decomposition) の形をとる語彙概念構造を表す．なお，Pustejovsky は Vendler (1967) の達成 (accomplishment) と到達 (achievement) の区別については，動作主的 (agentive) かそうでないかの違いだけによるものとし，推移に関して，とくにそれ以上の区別を設けることをしていない．

　Pustejovsky は，自然言語においては，以上のような基本的な事象構造

の組み合わせにより，派生事象構造が形成される場合があるとし，それを事象合成と呼び，例として次のようなものをあげている．

(27) a. Mary ran.
b. Mary ran to the store.
(28) a. John pushed the wagon.
b. John pushed the wagon to Mary.
(29) a. Mary hammered the metal.
b. Mary hammered the metal flat.

このうち，たとえば (27b) は (27a) に PP (to the store) が加わって「推移」に変化した場合で，次のような表示が与えられる．

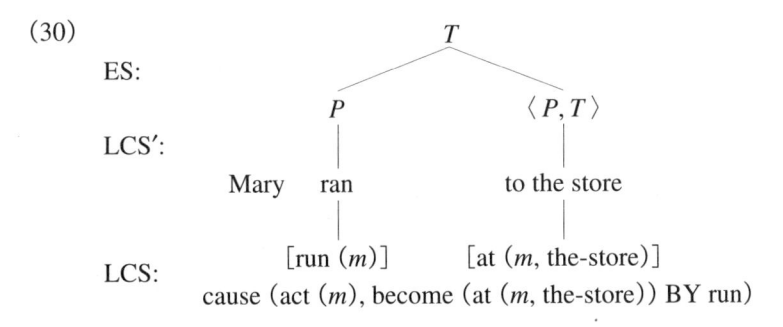

(30)

ES:
```
            T
           / \
          P  ⟨P,T⟩
          |    |
       Mary ran  to the store
```

LCS':
$$[\text{run}(m)] \quad [\text{at}(m, \text{the-store})]$$

LCS:
$$\text{cause}(\text{act}(m), \text{become}(\text{at}(m, \text{the-store}))) \text{ BY run}$$

(28b) や結果構文を表す (29b)（結果構文については第 II 部 3.1 節を参照）も，事象合成による事象タイプの変化として，同様に扱うことができる．そして，このような事象構造を基盤とすることで，次のような副詞の修飾の問題も説明されると考える．

(31) a. John almost built a house.
b. John almost ran.

(31) では，同じように almost が副詞として使われているが，(31b) の場合には 1 通りの読みしかないのに対し，(31a) では 2 通りの読みがある．(1 つは「ジョンはもう少しで家を建て（はじめ）るところだった」であり，もう 1 つは「ジョンはもう少しで家を完成させるところだった」で

ある．）これは，(31a) の場合は「推移」と考えれば，2つの事象が含まれているため，それぞれに almost が掛かりうるのに対し，(31b) の場合は，その構造が単一の事象であるためということになる．

　語彙意味論は，意味と形式の関係を研究対象とするものであるが，この2つの関係については，理論的枠組みによって異なる扱いがなされる場合がある．たとえば，(32) の2つの文に関して，Jackendoff と Pustejovsky が異なる解釈を与えているのは興味深い．

(32)　a.　?For hours, Bill ran into the house.　(Jackendoff 1991)
　　　b.　Mary ran into the house for 20 minutes.　(Pustejovsky 1991)

Jackendoff は (32a) に対して，「繰り返し」の読みを与えているが，Pustejovsky は (32b) については，走るという行為の継続ではなく，メアリーが家のなかにいた時間を表していると述べている．これは，Pustejovsky が事象合成によって説明するのに対し，Jackendoff の場合は，for hours による非有界性と ran into the house による有界性の衝突とみるため，(32a) には低い容認可能性が与えられることになる．

3.3　語の意味と習得

　ここまでは意味の構造として，概念構造と事象構造を検討してきた．最後に，単語の意味とその習得について，どのような考え方がとられているかをみておくことにする．

　Jackendoff (1992) は，概念構造を形成する概念形成規則は生得的なものだとし，この考え方を基盤として，単語の意味は複合的なものであると主張する．そして，単語の意味の習得とは，概念形成規則のなかで利用可能な，基本的要素と結合の原理から構造化された結合を構築することと考える．概念意味論の基本的な問題意識は，概念の形成とその習得を可能にさせるような，生得的な基本的要素と結合の原理はどのようなものか，ということになるが，その考え方は Jackendoff (1998) にみられるように，子供がどのようにして権利 (right) や義務 (obligation) のような概念を習得するのかという，社会的認知 (social cognition) の領域においても展

開することになる.

　単語の意味の習得は，人間の存在にとって基本的なものであり，当然異なった考え方がありうる．たとえば，Fodor (1975, 1981) は，すべての単語の意味は生得的であり，そもそも単語の習得というものは存在しないと考える．Fodor は，単語の意味は内部構造をもたないとするため，推論 (inference) の関係については，たとえば (33) のような意味公準 (meaning postulate) を使うことになる.

(33) a. x kill y → x cause [y die]
b. x lift y → x cause [y rise]　　　　　(Jackendoff 1990)

Jackendoff (1992) は，Fodor のような考え方では，概念形成規則が単語の膨大なリストになってしまうこと，また，(33) のような意味公準は，基本的には語彙分解と変わらないということで，あくまで，単語の意味は複合的なものと考える.

　他のアプローチで本節に関係するものとしては，Lakoff の考え方がある (Lakoff (1987), Lakoff and Johnson (1980) を参照)．Lakoff は，抽象的な概念は具体的な知覚概念から，「比喩」(metaphor) によって構築されるとする．これは，子供は概念をある順序にしたがって，基本的な感覚概念からしだいに抽象的な領域へと段階的に習得してゆくとする，Piaget (1970) の考え方と類似したものである．Jackendoff (1992) は，たとえ抽象的な概念が感覚的なものからの拡張であるとする考え方が正しいとしても，抽象的な概念は生得的な基盤をもたないとするのは，正しくないと考える．所有や権利についての基本的な関係は，観察や教育によって習得されるものではなく，概念形成規則により生得的に利用できるものと考えるわけである．そして，たとえば空間的な概念と所有概念の平行性は，主題関係仮説 (3.1 節を参照) によって説明されるべきであるとし，Piaget / Lakoff との考え方の違いを (34) のような形で図示している ((34) は Jackendoff (1992)).

(34) a. Piajet / Lakoff の考え方
空間概念 → 所有概念
b. 主題関係仮説

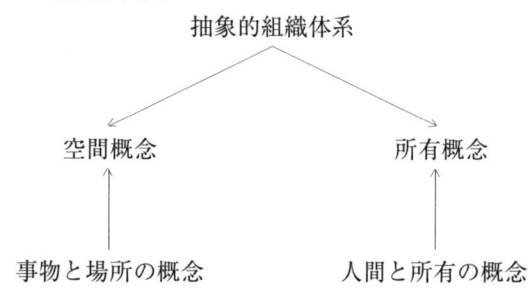

```
              抽象的組織体系
              ╱        ╲
          空間概念      所有概念
            ↑            ↑
      事物と場所の概念  人間と所有の概念
```

(34b)の主題関係仮説が主張するところは，子供が新しい領域の概念を習得できるためには，その領域は，概念形成規則によって供給される可能性のなかに入っているものでなければならず，新しい領域は，むしろ抽象的な結合の体系を適用することにより「発見」される，と考えるべきであるというものである．単語の意味の問題は，統語論の自律性の問題とともに，Jackendoff の概念意味論と認知言語学が明確に対立する点であり，すぐに答えの出る状況ではないが，Fodor の考え方を含め，興味ある問題であることは確かである．

第4章　意味構造と統語構造

　1.2.1節では，構成性の原理について簡単にふれたが，要素への分解があれば，いずれそれを結合するプロセスが必要になるはずである．構成性の原理は，部分と全体の関係を述べたもので，計算理論に基づく生成文法の基本的な考え方である．第Ⅰ部で扱う語彙意味論も，この構成性の原理を基盤にしている．最近の語彙意味論の傾向は，むしろ従来の構成性の原理の不備を指摘し，望ましい修正を提案しようとするものである．以下，Jackendoffの対応規則とPustejovskyの生成辞書の考え方を軸に，意味と形式の対応についてみることにする．

4.1　対 応 規 則

　Jackendoffの概念意味論の枠組みでは，意味と形式は異なるモジュールによって構成されるため，これら2つの構造を関係づけるものとして，対応規則が提案されている．概念形成規則については，すでに3.1節でみたが，たとえば(1a)のような統語構造は(1b)のような概念構造に対応する((1)，(2)はJackendoff 1990)．

(1)　a.　[$_S$ [$_{NP}$ John] [$_{VP}$ ran [$_{PP}$ into [$_{NP}$ the room]]]]
　　　b.　[$_{Event}$ GO ([$_{Thing}$ JOHN], [$_{Path}$ TO ([$_{Place}$ IN ([$_{Thing}$ ROOM])])])]

(1b)の形成にあたっては，intoとrunについて(2)のような語彙記載項が想定されている．

（2） a. $\begin{bmatrix} \text{into} \\ \text{P} \\ \underline{\quad} \text{ NP}_j \\ [_{\text{Path}} \text{ TO } ([_{\text{Place}} \text{ IN } ([_{\text{Thing}} \quad]_j)])] \end{bmatrix}$

b. $\begin{bmatrix} \text{run} \\ \text{V} \\ \underline{\quad} \langle \text{PP}_j \rangle \\ [_{\text{Event}} \text{ GO } ([_{\text{Thing}} \quad]_i, [_{\text{Path}} \quad]_j)] \end{bmatrix}$

(2)は，統語的な下位範疇と概念構造の要素が，指標をとおして関係づけられることを示している．run の場合は，下位範疇化される PP が随意的であるので，PP が統語的に存在しない場合（John ran.）は，とくに指定されない経路を移動することになる．

(1)についてみると，(1a)の文は概念構造の Event に対応する．動詞は事象関数（Event-function）GO に対応し，文が移動を表すものであることになる．(1)における主語は，GO の第1項，前置詞句は第2項と対応する．そのさい，第2項は複合的で，経路関数（Path-function）TO が場所を項としてとり，場所自体は場所関数（Place-function）IN と事物項（Thing argument）に分解される．

これまでは項を軸にした対応をみたが，いわゆる付加詞が関係している場合もある．Jackendoff (1990) はいくつかの付加詞規則（adjunct rule）を提案しているが，そのうちの1つとして way 付加詞規則を取り上げてみる(way 構文については 6.1.3 節を参照)．

（3） a. Bill belched his way out of the restaurant.
b. *Bill belched (a belch) out of the restaurant.

(3)はいわゆる way 構文の一例であるが，(3b)が示すように，belch は単なる行為を表すもので，本来，項をとるような動詞ではない．his way は付加詞ということで，項の融合のような形で統語構造と概念構造を対応させることはできないため，(4)のような付加詞規則を考えることになる．

第 4 章　意味構造と統語構造　37

（4）　[$_{VP}$ V$_h$ [$_{NP}$ NP$_j$'s way] PP$_k$] may correspond to

$$\left[\begin{array}{l} \text{GO}([\alpha]_j [_{\text{Path}}\quad]_k) \\ \text{AFF}([\quad]^\alpha_i,\ ) \\ [\text{WITH}/\text{BY}\ \begin{bmatrix}\text{AFF}([\alpha],\ )\\ -\text{BOUNDED}\end{bmatrix}_h] \end{array}\right]_{\text{Event}}$$

（4）の付加詞規則は，way 構文を構文的イディオムとしてとらえ，意味と形式に関して，部分に還元するのではなく，それぞれを全体として対応させているのが特徴といえる．このようにすることにより，意味と形式の表面上の非対応が説明できることになる．なお，（4）における AFF (affect) は行為層 (action tier) の関数で，この場合は動詞 belch が，他への働きかけのない単なる行為動詞であることを表している（行為層については第 II 部 1.2 節を参照）．

　自然言語における意味と形式の関係が，今までみてきたような項や付加詞に基づくものばかりではないことは，容易に想像ができる．Jackendoff (1991) はそのような例として，（5）のような文をあげている．

（5）　a.　The light flashed until dawn.
　　　b.　[One waitress says to another:]
　　　　　The ham sandwich in the corner wants another cup of coffee.

たとえば (5a) の文に対しては，その概念構造として (6) をあげている．((6) はさらに詳細な構造に修正されることになるが，ここではこの段階での表示にとどめる．)

（6）　$$\left[\text{PL}\left(\begin{bmatrix}-\text{b}, +\text{i}\\ +\text{b}, -\text{i}\\ _{\text{Event}}\text{LIGHT FLASHED}\end{bmatrix}\right)\right]_{\text{Event}/\text{Process}}$$

(5a) は「灯りが夜明けまで点滅した」という意味であるが，(6) の概念構造で特徴的なことは，関数 PL が導入されていることである（関数 PL

については 3.1.2 節参照).(6)の場合でいえば，本来一度の点滅を表す the light flashed が until dawn という枠のなかに入ることにより，連続した過程として解釈されることになる．

一方，(5b)についていえば，本来コーヒーを飲むはずのない「サンドイッチ」が，「サンドイッチを食べている人」としての解釈を受けている．もちろん，この解釈が成立するためにはコンテクストが必要で，[ ] がそれを示すことになる．

Jackendoff (1991) は，これらの読みを導く操作を「解釈規則」(rule of construal) と呼んでいる．(5)のどちらの場合についても，意味的な面におけるある種の非文法性が，「解釈規則」の適用を誘発しているわけである．(5a)の場合は，ある単一の事象が複数の事象に置き換えられ，(5b)の場合には，ある個体が，文脈的に連合している別の個体(人間)として理解されている．

4.2　意味拡張

4.1 節で way 構文についてみたが，主文の動詞を軸に考えると，動詞の意味が本来の行為動詞から移動動詞へ変化したと言うことができる．このように，動詞の意味が変化し，本来の意味が付随的な役割になることは，一般に意味拡張 (meaning extension) と呼ばれている．意味拡張は，とくに英語においてみられる性質と言うこともできるが，この現象を語彙従属の問題として説明しようとしたものに，Levin and Rapoport (1988) の研究がある．

Levin and Rapoport は，次の (7) のような例をあげ，それぞれの文において，動詞の本来の意味が従属化し，全体としては意味が変化していることを指摘した．

(7)　a.　Evelyn wiped the dishes dry.
　　　b.　The company processed the vitamins out of the food.
　　　c.　The bottle floated into the cave.
　　　d.　Dora floated the box into the cave.
　　　e.　Pauline smiled her thanks.

f.　Sam belched his way out of the restaurant.
　　　g.　Frances kicked a hole in the fence.

たとえば (7a) においては，本来は「拭く」という行為動詞の wipe が，「拭いて乾かす」という意味に変化していると考えることができる．Levin and Rapoport は，wipe の意味構造の違いを次のように表している．

（8）　a.　Evelyn wiped the dishes.
　　　　　$wipe_1$: [x 'wipe' y]
　　　b.　Evelyn wiped the dishes dry.
　　　　　$wipe_2$: [x CAUSE [y BECOME (AT) z] BY [x 'wipe' y]]
　　　　　(= 第 1 章 (6a))

(8b) においては，[x 'wipe' y] が従属的な位置づけになっているが，(7a) から (7g) に共通してみられるプロセスを，(9) のような語彙概念構造 (LCS) の変化としてとらえている．

（9）　LCS: manner / instr → LCS: [result BY manner / instr]

そして，このような語彙従属による意味拡張の考え方を基盤として，中間構文 (middle construction) に関する現象に，興味ある説明を与えている．(中間構文については第 II 部 3.3 節を参照．) 一般に中間構文は，(10) のような文法性の差から，(11) のような語彙概念構造をもつ動詞によって形成されると考えられている．

（10）　a.　This bread cuts easily.
　　　 b.　*This wall hits easily.
（11）　[x CAUSE [y undergo change]]

Levin and Rapoport はこの点に注目し，以下の (12) と (13) における差は，語彙従属により，(11) のような状態変化を含む語彙概念構造が作られるためと説明している．

（12）　a.　*This kind of meat pounds easily.
　　　 b.　This kind of meat pounds thin easily.

(13)　a.　*These dishes wipe easily.
　　　 b.　These dishes wipe dry easily.

Jackendoff も Levin and Rapoport も，この種の意味拡張を英語特有の性質としている点は興味深いところであるが，この問題については，第6章の「運動の動詞」の分析のなかで，さらに検討することになる．

4.3　生成辞書

　多義性の問題が，語彙意味論の展開にとって重要な役割を果たしたことはすでにみたが，多義性の分析をめぐり，生成辞書という考え方を提案したものに，1.2.2 節で簡単にふれた Pustejovsky (1995) がある．Pustejovsky は，多義性に関しては，「語義を列挙してゆく形の辞書」(sense enumeration lexicon) では，新しいコンテクストで創造的に使われる語の意味を十分にとらえることはできないとし，意味論的変形ともいえるメカニズムを提案する．Pustejovsky の考え方の基盤も，語彙分解にあるとみてよいが，意味の構成的な面に新しい見方を導入するために，生成辞書の概念を取り入れることになったといえる．3.2 節では事象構造についてみたが，Pustejovsky (1995) は (14) のような4つの意味表示のレベルと，(15) のような3つの生成的な操作を提案した．

(14)　a.　項構造
　　　 b.　事象構造
　　　 c.　特質構造
　　　 d.　語彙継承構造
(15)　a.　タイプ強制
　　　 b.　選択束縛
　　　 c.　共構成

以下，それぞれについて，概略的な説明を加えておくことにする．まず，4つの意味表示のレベルのうち，(14a) の項構造は，論理的な項の数とタイプ，および統語構造への実現を指定するものであり，(14b) の事象構造は，3.2 節でもみたように，State, Process, Transition という事象タイ

プを，語や句に指定するものである．そして Pustejovsky は，特質構造については，次のような4つの役割（role）からなり，語彙項目や句の構造的な枠を指定するものと考える．

（16） a. 構成役割（constitutive role）
　　　 b. 形式役割（formal role）
　　　 c. 目的役割（telic role）
　　　 d. 主体役割（agentive role）

それぞれ概略的には，構成役割はある対象とその構成要素ないしは部分との関係，形式役割は形や色など，ある対象を他のものと区別するもの，目的役割は対象の目的や機能，そして主体役割は，対象を産み出す要因を表すことになる．たとえば，（17）の各文では，目的語の目的役割に基づき，それぞれ括弧で示された部分が補われた形で解釈されることになるとしている．

（17） a. Mary enjoyed the movie last night. （*watching*）
　　　 b. John quite enjoys his morning coffee. （*drinking*）
　　　 c. Bill enjoyed Steven King's last novel. （*reading*）

（14d）の語彙継承構造は，ある語彙構造が他の構造とどのように関連しているか，また，語彙の全体的な構造に対してどのような関係にあるかについて，指定するものである．

　一方，3つの生成的なメカニズムは，次のような性質をもつ．（15a）の「タイプ強制」は，項を，文のなかで予想されるタイプに変更させる働きをするもので，たとえば（18）のような文における項は，それぞれの名詞の特質構造に応じて，主動詞が要求する「行為」として解釈されることになる．

（18） a. John wants a beer.
　　　 b. John began a book.

これは，want や begin が通例は補文（complement）をとる動詞であるた

めで，(17)の説明のなかであげた watching などを補う働きも，この操作にあたる．(同様の操作に関する Jackendoff の扱いについては，4.4.1節を参照．)

(15b)の選択束縛は，(19)のような例においてみられる操作で，形容詞を関数としてとらえ，共起する名詞の特質にあてはめるものである．

(19) a. John is a fast typist. = John is a typist who is fast at typing.
b. a good knife = a knife that cuts well

たとえば(19b)においては，good が事象述語として，名詞の目的役割を選択的に修飾することになる．(19a)についても同様で，この操作により，(20)のような fast の多義的な使われ方が説明できるとしている．

(20) a. a fast typist
b. a fast game
c. a fast book
d. a fast driver
e. a fast decision

fast は，このほかにも異なるコンテクストで創造的に使用される可能性があるが，意味を列挙する形の辞書では，新しい意味に対応した説明を与えることはむずかしいことになる．

(15c)の共構成は，たとえば(21)のような例で示される．

(21) a. The bottle is floating in the river.
b. The bottle floated into the cave.

(21b)においては，方向を示す前置詞句が動詞に対する関数として働き，新しい意味を派生するというものである．これは，4.2節でみた「語彙従属」と同じ考え方を基盤としている．この場合，派生(拡張)した意味は，語彙項目自体からではなく，他の句との関係から引き出されるということで，これを共構成と呼んでいる．

以上みてきたように，Pustejovsky の生成辞書の体系では，生成的操作

が4つの意味表示のレベルに作用し，語に対してそのコンテクストにおける構成的な解釈を与えることになる．

4.4　Jackendoff (1997)

4.1節では，概念意味論における対応規則をみたが，Jackendoff (1997) には，この間になされた研究をふまえたうえでの，一種の「まとめ」と「今後の方向」を示す分析が提案されているので，それをみておくことにする．

4.4.1　強化構成

Jackendoff (1997) は，Pustejovsky (1995) の「タイプ強制」や「共構成」などの生成的手段を取り入れ，概念構造の構成について新しい見方を提案している．それは「強化構成」(enriched composition) と呼ばれるもので，その主旨は，(i) 文の概念構造は，語彙概念構造の概念内容に加えて，語彙的には表示されていないが概念的に存在する他の要素を含むことがある．(ii) 概念構造を形成する語彙概念構造の結合は，語彙項目の統語的配置と語彙概念構造の内部構造によって決定される，というものである．この強化構成は，Jackendoff の従来の「解釈規則」(4.1節を参照)を基盤としながらも，Pustejovsky の考え方を取り入れたものである．たとえば (22) の各文は，(23) のような動詞強制 (verbal coercion) によって，それぞれの解釈が与えられる．

(22) a. The light flashed until dawn.
　　 b. Bill kept crossing the street.
(23) a. 繰り返し (Repetition)
　　　　Interpret VP as [REPETITION OF VP]
　　 b. 達成から過程へ (Accomplishment-to-process)
　　　　Interpret VP as [PROCESSUAL SUBEVENT OF VP]

(23) の場合は，アスペクトに関する強制であり，ある種の関数が導入されているとみてよいものである．構成の過程で考えると，通常の構成の場

合は，項 X に対して関数 F を導入して F(X) という構造を作り出すが，(23a) の場合は，強制関数 (coercing function) とでもいうべき関数 G が導入され，全体としては F(G(X)) が作り出されることになる．たとえば (23a) の場合でいえば，導入される G は，3.1.2 節でみた関数 PL に相当するものである

　なお，(24) のような文については，2 段階で規則が適用される．

　　(24)　Mary began the beer.

まず第 1 段階では，(25) により，「NP で何かをする」という行為を表すものとして解釈する．

　　(25)　Interpret NP as [$_{Activity}$ F(NP)].

次に，目的語の内部構造 (Pustejovsky の「特質構造」に相当) を調べることにより，(26) にみられるように，その NP にふさわしい行為を指定するというものである．

　　(26)　Mary began the beer. = Mary began to drink / ?to bottle / *to read / *to appreciate the beer.

4.4.2　固定表現

　最近は認知言語学を中心に，構文 (construction) に対する関心が高まっているが，イディオムや構文を含めた固定表現については，Jackendoff (1997) のなかに興味深い分析がみられる．

　Jackendoff の概念意味論は，表示的モジュール性 (Representational Modularity) に基づいている．この考え方の基本は，精神／脳は多くの異なるフォーマット (format) (Jackendoff はこれを「精神の言語」(language of the mind) と呼んでいる) において情報を表示するというもので，それぞれのフォーマットについて，モジュールが存在することになる．このような表示的モジュール性の考え方からいうと，音韻表示，統語表示，それに概念表示は，それぞれ独立のものとして峻別されることになる．そ

の意味からも，概念意味論ではそれぞれの表示の調整は，対応規則が担うことになる．Jackendoff はこのような表示的モジュール性の帰結として，いわゆる語彙挿入（lexical insertion）のような操作は存在しないとし，(27) のような，文法の全体的な枠組みを提案している．これは Chomsky (1995) のミニマリスト・プログラムをふまえ，そこにおける意味論の位置づけを示したものと考えられる．

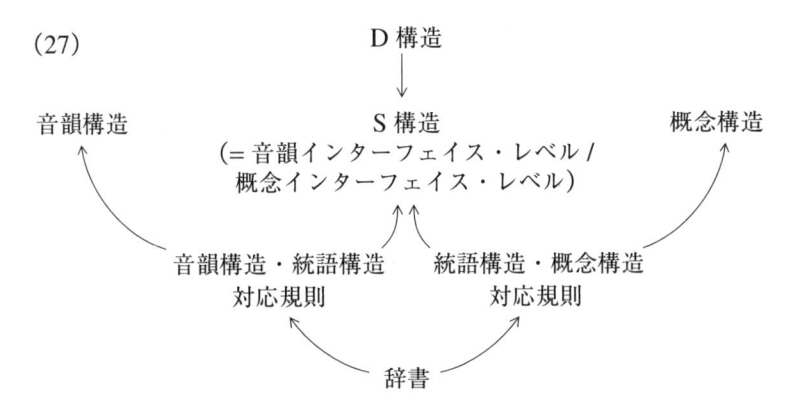

(27)

```
                    D構造
                     ↓
                    S構造
              (=音韻インターフェイス・レベル/
                概念インターフェイス・レベル)
                    ↑↑
音韻構造 ←    音韻構造・統語構造   統語構造・概念構造    → 概念構造
                対応規則              対応規則
                       ↖        ↗
                         辞書
```

この枠組みの主旨は，表示的モジュール性にしたがい，音韻構造，統語構造，概念構造がそれぞれ独立した情報を表示し，音韻インターフェイス・レベル（Phonological Interface Level）と概念インターフェイス・レベル（Conceptual Interface Level）はともに，S 構造にあるというものである．そして，語彙記載項について Jackendoff は，それ自体，対応規則であり，また，辞書 (lexicon) は全体として音韻構造–統語構造インターフェイスと統語構造–概念構造インターフェイスの一部であると主張し，語彙挿入に代わって語彙認可（lexical licensing）の操作を提案する．つまり，S 構造において，音韻表示，統語表示，概念表示は，対応規則をとおしてチェックされるということである．(27) のような枠組みにおいては，単語（たとえば cat）は (28) のように表示される（左から音韻構造，統語構造，概念構造を表す）．

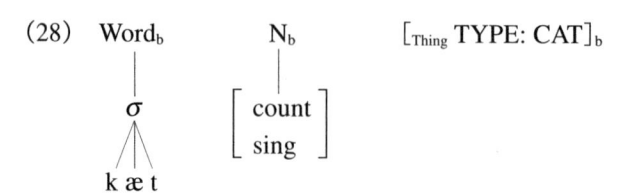

(28) Word$_b$ N$_b$ [$_{Thing}$ TYPE: CAT]$_b$
       | ⎡ count ⎤
       σ   ⎣ sing ⎦
      /|\
     k æ t

すでに述べたように，語彙項目は挿入されるのではなく，指標をとおして，音韻構造と概念構造が統語構造と対応することになる．(27) の枠組みでは，イディオムなどの固定表現も，(28) と同様の扱いとなる．たとえば，(29a) のようなイディオムは (29b) のように，また way 構文については (30b) のように表示される．

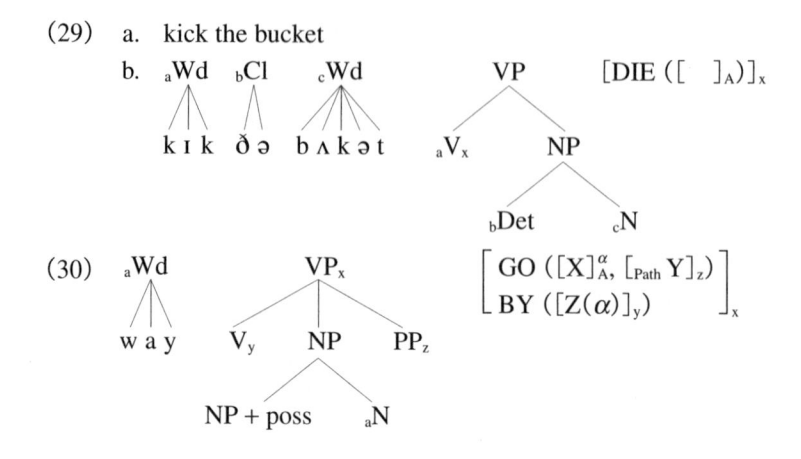

(29) a. kick the bucket
      b. $_a$Wd $_b$Cl $_c$Wd   VP   [DIE ([ ]$_A$)]$_x$
          /|\ |\   /|\   / \
         k ɪ k ð ə   b ʌ k ə t $_a$V$_x$ NP
                                        / \
                                   $_b$Det $_c$N

(30) $_a$Wd   VP$_x$ ⎡ GO ([X]$_A^α$, [$_{Path}$ Y]$_z$) ⎤
       /|\   / | \   ⎣ BY ([Z(α)]$_y$)   ⎦$_x$
      w a y   V$_y$ NP PP$_z$
                    / \
              NP + poss $_a$N

way 構文の場合は，名詞の way だけが音韻表示と関係し，統語構造と概念構造のなかに開放された (open) 場所があるため，通常のイディオムとは異なり，構文自体が生産的な (productive) 性質をもつことになるというものである．この way 構文の扱いは，Goldberg (1995) と平行したものであるが，Jackendoff (1997) が表示的モジュール性を基盤とした体系のなかで，単語から固定表現までを語彙認可という操作で統一的に処理しようとしている点は興味深い．

4.5 Goldberg (1995)

前節の最後でGoldbergの名前が出たが,ここで,意味構造と統語構造の関係について,いわゆる構文文法の考え方を簡単にみておくことにする.

Goldberg (1995) は,way 構文などについては,「語彙を超えた文法的構文」(extralexical grammatical construction) を想定することが必要と考える.一般に way 構文には,ある種の困難さや比喩的な障害が含まれているが(詳しくは 6.4 節を参照),このような特徴は,way 構文を直接,意味と連合することで説明すべきであると主張する.Goldberg は,way 構文は (31) のような 2 つの構造を結合させたもので,その意味構造には creator-theme, createe-way, path の 3 つの成分が含まれると考える.

(31) a. He made a path.
b. He moved into the room.

たとえば,(32) のような文に対しては,(33) のような合成構造 (composite structure) を想定する.

(32) The demonstrators pushed their way into the building.
(33) 合成構造: way 構文 + push

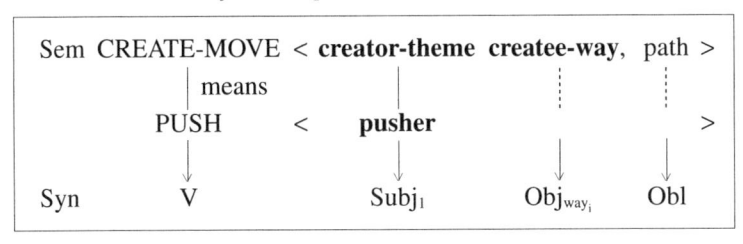

```
Sem  CREATE-MOVE  < creator-theme  createe-way,  path >
          |  means           |                :           :
         PUSH          <    pusher                        >
          ↓                   ↓                ↓           ↓
Syn       V                 Subj₁          Obj_{way_i}    Obl
```

(33) においては,Sem は意味構造,Syn は統語構造,< > は動詞の参与者役割を表す.push の場合,義務的な項として pusher をもつが,これが creator-theme 項と融合する.一方,createe-way と path は構文から与えられ,手段解釈に基づく全体の融合は,(33) のような合成構造と

して表されることになる，というものである．

4.6 アスペクト

　アスペクトは，意味論研究にとって中心的な問題の1つである．アスペクトに関しては，本書でも Vendler (1967) の4分類を基盤とした Pustejovsky の事象構造についてみたが，このほか，主題構造と統語構造の連結という面からアスペクトの問題を扱ったものに，Tenny (1994) がある．
　Tenny の基本的な考え方は，次のようなアスペクト・インターフェイス仮説（Aspectual Interface Hypothesis）に要約されている．

(34) アスペクト・インターフェイス仮説：主題構造と統語的項構造のあいだの写象の普遍的な原則は，アスペクト特性によって支配されている．統語構造における直接内項（direct internal argument），間接内項（indirect internal argument），外項（external argument）と連合するアスペクト特性の制約は，これらの位置に生ずることのできる事象参与者の種類に，制限を課す．普遍的な連結原理にとっては，主題構造のアスペクト的な部分だけが可視的（visible）である．

すなわち，統語的な現象は，項構造に関するアスペクト特性によって決定されるというもので，従来から生成文法のなかで用いられてきた被影響性（affectedness）に代わる，より一般的な概念が提案されている．
　Tenny は項を，直接内項，間接内項，外項の3つに分類する．そして，増分主題動詞（incremental-theme verb），状態変化動詞（change-of-state verb），経路目的語動詞（path-object verb）の直接内項は，事象を「測定する」とし，その「測定」に基づいて事象が「限定」されることがあると考える．たとえば (35) では，それぞれ an apple, a house, the ladder により，事象が限定されることになる．

(35) a. John ate an apple in an hour.
　　 b. Mary built a house in a day.
　　 c. Mary climbed the ladder in an hour.

また，(36b) の場合は，着点句により事象が限定されている．

(36) a. John pushed the car *in an hour / for an hour.
b. John pushed the car to the gas station in an hour / *for an hour.

Tenny は，この「測定」および「限定」という概念を統語構造との関係の基盤として，種々の現象の説明を試みている．たとえば，(37), (38) におけるような名詞句受動 (nominal passive) の可能性の差については，従来，被影響性の概念によって説明されてきたが，「測定」に基づく被限定性の考え方を用いれば，直接の影響を受けていないと思われる (39) のような場合についても，名詞句受動が可能であることが説明されるとしている．

(37) a. the Mongols' destruction of the city
b. the city's destruction by the Mongols
(38) a. John's avoidance of Bill
b. *Bill's avoidance by John
(39) a. the company's performance of the play
b. the play's performance by the company

そして Tenny は，被限定性の概念に基づいて (40) のようなアスペクト役割枠 (aspectual role grid) を設定し，動詞の分類を行なっている．

(40) a. [ ]
b. [MEASURE]
c. [PATH, TERMINUS]

(40a) は，本来的にアスペクト特性をもたないもの，(40b) は事象を測定する直接内項をとるもの，(40c) は終点を示す間接内項をとる動詞を表している．たとえば，上で扱った動詞についていえば，次のように分類される．

(41) a. *eat*:　［(MEASURE)］
　　　　　　　［MEASURE］　　John ate an apple in an hour.
　　　　　　　［　　　］　　　William ate the same apple for hours.
　　b. *build*:　［MEASURE］　Mary built a house in a day.
　　c. *push*:　［(PATH, TERMINUS)］
　　　　　　　［　　　］　　　Bill pushed the rock (but it wouldn't move).
　　　　　　　［PATH, TERMINUS］　Bill pushed the rock to the top of the hill.

Tennyは，増分主題動詞のなかでも，eatのような場合は，事象を限定する場合としない場合がありうるとし，(41a)にみられるように，「測定」(MEASURE) アスペクト役割を随意的 (optional) なものとして表している．一方，同じように増分主題動詞であっても，buildの場合にはかならず事象が限定されるということで，(41b)が示すように，その「測定」は義務的 (obligatory) なものになっている．(41c) は，「経路・終点」(PATH-TERMINUS) アスペクト役割についての指定である．たとえばpushの場合は，着点句を加えることによって事象が限定されることがあるため，そのアスペクト役割は随意的なものとなる．

　「測定」や「限定」という概念自体，曖昧な部分があることは確かであるが，従来のアスペクト分析を一歩進め，統語構造との関係のなかで形式化しようとした点は，注目してよいであろう．

第5章　言語と空間

5.1　視　　覚

　Jackendoff の概念意味論は，Macnamara の研究 "How Do We Talk about What We See?" (1978) が引き金になっている面もある．人間は一般に，目にするものを言葉で表現できるが，そうであるならば，言語と視覚のあいだに何らかの関係がなければならないことになる．Jackendoff は，Marr (1982) の視覚に関する研究を彼の枠組みのなかに取り入れることによって，この問題に対する処理を考える．

　Marr は視覚を，初期スケッチ (primal sketch)，$2^1/_2$ 次元スケッチ ($2^1/_2$D sketch)，3 次元モデル (3D model) の 3 つのレベルに分けるが，Jackendoff は，視覚にも言語の構造と平行したものがみられるとする．それぞれのレベルで，基本的要素と結合の原理が働き，小さな要素はより大きな単位にまとめられる．

　初期スケッチでは，棒 (bar) とその終端 (termination) が基本的要素となり，グループ化される．次のレベルは，$2^1/_2$ 次元スケッチである．これは観察者中心 (viewer-centered) のレベルで，輪郭 (contour)，奥行 (depth)，方向 (orientation) といったものが基本的要素となる．ここにはまだ容積 (volume) の概念はなく，あくまで観察者からみた表面の表示が問題となる．対象の形状を長期記憶 (long-term memory) のなかで把握するのは，次の 3 次元モデルである．このレベルは物体中心 (object-centered) で，座標軸 (coordinate axis) が基本的要素の 1 つとして中心的な役割を果たす．

たとえば (1) の図 (Jackendoff 1987, 175) は，3 次元モデルにおける，人間の形状の組織構造の記述である．各枠は 1 つの 3 次元モデルに対応しており，枠内の左側にそのモデル軸 (model axis)，右側にその成分軸 (component axis) の配置が示されている．もっとも粗い記述では，人間の身体は，垂直な軸によって定義されるシリンダーとして表される．次の段階では，胴，頭，手足に分解されるが，それぞれはやはり，各々の軸によって定義されるシリンダーとして記述される．そのさい，頭や手足が胴のどの場所に，どのような角度でつくかについては，胴の軸によって定義される座標系 (coordinate system) に基づいて指定される．3 次元モデルにおいては，観察者の視点に関係なく，対象の形状を規定することが可能になるわけで，Jackendoff はこのように規定される 3 次元モデルを，概念構造と関係づけることにより，言語と視覚の関係をとらえようとしたわけである．

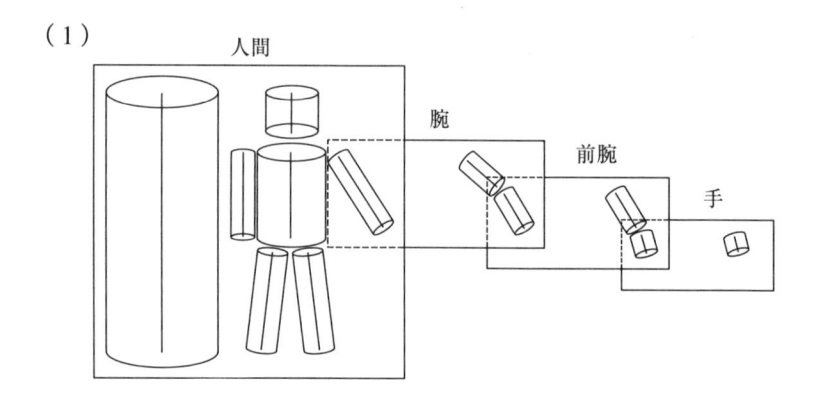

(1)

なお，(1) に示されたものは，一種の樹状構造 (tree structure) とみることができる．Jackendoff はそこに，階層 (hierarchy) のほかに，主要部 (head) の概念が働いていると考える．たとえば，手のひら (palm) は手 (hand) の主要部ということになる．Jackendoff は，このような 3 次元モデルが，duck, goose, swan など，言語で違いを述べることがむずかしい対象を区別するさいに，有効になると考える．また，運動の動詞につい

ても，概念構造だけではとらえられない動詞の本来的な性質を，3次元モデルによって記述しようとしている(6.1.2節を参照)．そして，この視覚に関する考え方が，最近の空間表示の理論へ発展することになる．

5.2 概念構造と空間表示

Jackendoff の最近の傾向は，空間表示を概念構造とは独立したレベルとし，それらを対応規則によって関係づけることである．空間表示の重要性については，概念意味論の初期のころから主張はしていたが，(2)の枠組みにみられるように，空間表示を前面に出すようになったのは Jackendoff and Landau (1991) のころからである．

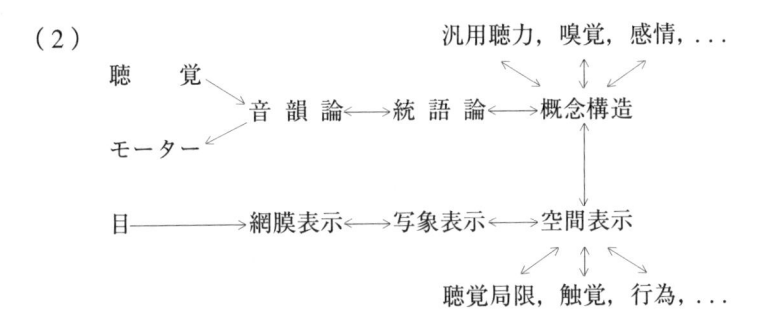

(2)
```
                                     汎用聴力，嗅覚，感情，...
                                         ↘ ↑ ↙
    聴  覚
             ↘
               音 韻 論 ⟷ 統 語 論 ⟷ 概念構造
             ↗                              ↕
    モーター

    目 ────→ 網膜表示 ⟷ 写象表示 ⟷ 空間表示
                                     ↙ ↓ ↘
                                     聴覚局限，触覚，行為，...
```

Jackendoff (1996) によれば，(2)においては「写象表示」(imagistic representation) の部分が $2^1/_2$ 次元スケッチ，「空間表示」の部分が3次元モデルに相当することになる．このように，空間表示がモジュールとして独立した表示レベルとなれば，概念構造との関係が問題になる．Jackendoff (1996) では，表示的モジュール性の考え方に基づいて，双方の役割分担ともいうべき，住み分けについて提案がなされている．具体的には，概念構造と空間表示の関係について，以下のような4つの基準を設けている．

(3) a. 経済性の基準 (criterion of economy)
    b. インターフェイスの基準 (criterion of interfacing)
    c. 文法的影響の基準 (criterion of grammatical effect)

    d. 非空間的抽象の基準（criterion of nonspatial abstraction）

　表示的モジュール性の前提からいえば，それぞれのモジュールは独立した働きをする．これが経済性の基準で，たとえば，事物の形態に関する詳細は，空間表示のみで表示される．反対に，A bird is a kind of animal. にみられるような包摂（inclusion）の関係を表すタクソノミー（taxonomy）は，概念構造のみで表示される．概念構造と空間表示がそれぞれモジュールであることを考えれば，普通はこの基準が適用されるはずである．しかし，場所や経路さらには物理的移動は，その表示が2つのモジュールにおいて共有されるため，インターフェイスの基準が適用される．このことは，場所や経路といった概念が，概念構造の基本的な要素であることからも言える．一方，事物の数（number）に関して，統語的差異を引き起こすような意味の違いが空間表示にあるとすれば，それはやはり空間表示だけでなく概念構造にも属すことになり，これを文法的影響の基準と呼ぶ．最後に，空間表示と非空間表示には多くの場合，平行性がみられるが，この種の空間と非空間の類似性については，概念構造の代数的構造でとらえられるものとし，それを非空間的抽象の基準と呼んでいる．

　以上，4つの基準をみたが，たとえば可算−質量の区別（count-mass distinction）には，これらの基準の適用をみることができる．単一の個体（たとえば a car），複数（たとえば a herd of cows）および実質（たとえば milk）については，空間表示がその区別に関係するということで，経済性の基準が適用される．一方，事物の数に関しては，決定詞（determiner）として many, few を使うか，much, little を使うかの区別があるが，この場合は文法的影響の基準が働くことになる．また，可算−質量の区別は，抽象的な領域にも現れる．たとえば，threat は文法的に可算名詞（many threats / *much threat）であるが，意味的に類似する advice は反対に質量名詞（much advice / *many advices）である．threat と advice は空間的には表示されないため，非空間的抽象の基準が働き，概念構造が唯一の表示レベルとなる．

5.3 言語と空間のインターフェイス

Jackendoff の概念構造の考え方は，脳研究の立場から空間と言語の関係を扱う，Peterson, Nadel, Bloom and Garrett (1996) のなかに引き継がれている．彼らは (4) のような枠組みを提案する．

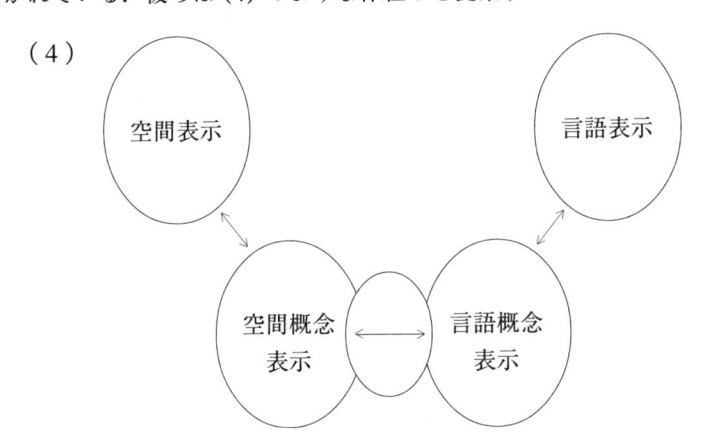

(4)

```
  空間表示            言語表示
     ↕                  ↕
   空間概念  ←→  言語概念
    表示          表示
```

この枠組みの主旨は，人間が空間について話すことができるのは，言語に関する概念表示 (conceptual representation) と空間に関する概念表示のあいだのインターフェイスによる，というものである．Peterson et al. (1996) は (4) を基盤として，(i) 人間は空間のどの面について話すことができるか，(ii) 空間の属性は言語にどのように反映されるか，(iii) 空間に関する概念表示は，文化/経験によって影響を受けるか，(iv) 空間と言語に関する研究は，概念表示の解明にどのように関係するか，という問題を設定している．Peterson et al. は，空間に関する表現は，言語と感覚のインターフェイスから直接派生するものではない，と考える．そして (5) のような例をあげ，空間表現の使用は抽象的な概念表示の体系を仲介としている，と主張する．

(5)　The butterfly is in the jar.

つまり，この表現では，空間前置詞 in によって表される関係は，視覚上

の単なる「囲み」(surroundedness) だけによるものではないというものである．(6) で表される (a) から (c) の状況を考えた場合，前置詞の in は (c) の場合には使えるのに対し，(b) の場合には使えないが，それは jar と canyon にはあっても tabletop にはない，「包含」(containment) とでもいうべき概念によっているというものである．この場合は，概念表示の存在により，jar と canyon が同様に範疇化されるということが基盤になっている．つまり，「包含」の概念は，単に感覚的な空間表現の属性によるものではなく，概念表示を仲介として得られる抽象的な関係ということになる (2.1 節の (1) を参照)．

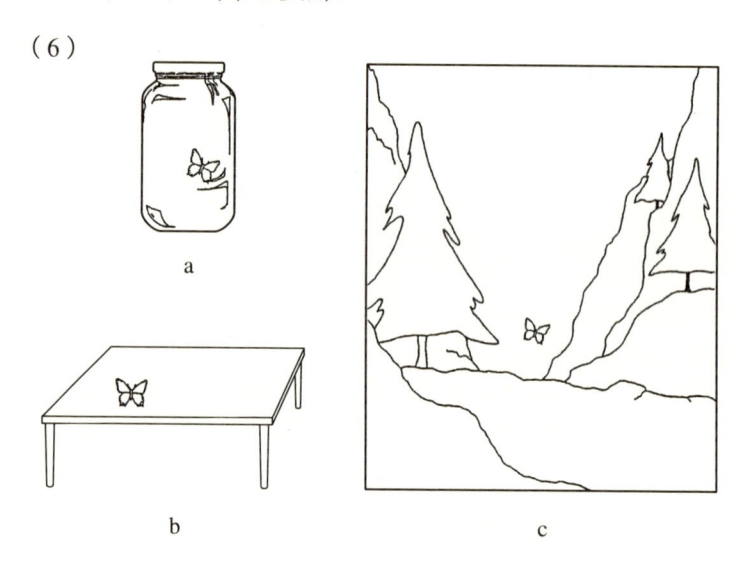

(6)

a

b

c

第6章 運動の動詞

これまでは,語彙意味論の流れとその基本的な考え方を検討してきたが,本節ではその応用的研究ともいうべきものとして,英語の運動の動詞を分析する.運動の動詞については,いろいろな研究が行なわれてきたが(たとえば Ikegami (1970), 池上 (1981), Talmy (1985) など),Jackendoff の概念意味論は,運動の動詞の分析にも新しい方向を示したといえる.以下では,Jackendoff,Talmy,Levin and Rappaport Hovav などの研究をふまえ,運動の動詞が語彙意味論のなかで,どのように分析されるかをみることにする.

6.1 運動の動詞の分類

英語において「移動」を表す場合は,一般に以下のようなタイプの動詞が使われる(C タイプ,D タイプの例は Jackendoff (1990)).

(1) (i) A タイプ: 様態を伴わない運動の動詞
 a. John went to the station.
 b. John came to the station.
 c. John entered the room.
 d. John arrived at the station.
(ii) B タイプ: 様態を伴う運動の動詞
 a. John ran to the station.
 b. John walked to the station.
 c. John swam to (the) shore.
 d. John jogged to the park.

（iii）Cタイプ: 動きを伴う行為動詞
　　　　a. John danced into the room.
　　　　b. John jumped into the room.
　　　　c. John wiggled out of the hole.
　　　　d. John bounced into the room.
　　　（iv）Dタイプ: 本来は動きを伴わない行為動詞
　　　　a. John belched his way out of the restaurant.
　　　　b. John joked his way into the meeting.
　　　　c. John moaned his way down the road.
　　　　d. Babe Ruth homered his way into the hearts of America.

Aタイプは，本来的に移動のみを表し，移動のさいの様態については，指定がない場合である．Bタイプは，一般に運動の動詞と呼ばれるもので，その意味構造に，移動と様態の両方の概念が含まれている場合である．Cタイプは，本来的には様態を示す行為動詞が，移動を表す動詞として使われる場合である．Dタイプは，いわゆるway構文で，使用される動詞には本来的に移動の概念は含まれていない．英語と日本語の比較でいえば，Aタイプについてのみ，ほぼ平行した動詞の振る舞いをみることができる．

　一般に「運動の動詞」をさす表現としては，運動の動詞（verb of motion）と運動様態の動詞（verb of manner of motion）がある．しかし，これらの表現がどのタイプの動詞をさすかについては，かならずしも統一されているわけではなく，このほかの呼び方が使われる場合もある．この章では，「様態を伴わない運動の動詞」は 'verbs of motion (− manner)'，「様態を伴う運動の動詞」は 'verbs of motion (+ manner)'，「動きを伴う行為動詞」は 'verbs of action (+ motion)'，そして「本来は動きを伴わない行為動詞」は 'verbs of action (− motion)' と表記することにする．

6.1.1　Aタイプ: **Verbs of Motion** (− **Manner**)

　このタイプに属する動詞は，本来的に方向性をもった移動動詞であるため，何らかの経路(主として着点（Goal）)を表す前置詞なり副詞を伴うのが普通である．たとえば，Jackendoff (1983) は，動詞goと共起したさ

いの前置詞 under の曖昧性を，次のように表している．

(2) a. The mouse went under the table.
 [_Path_ TO ([_Place_ UNDER ([_Thing_ TABLE])])]

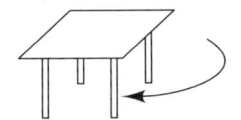

 b. The mouse went under the table.
 [_Path_ VIA ([_Place_ UNDER ([_Thing_ TABLE])])]

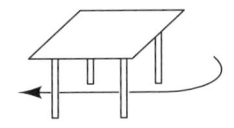

この場合，TO は着点を，VIA は経由を表す関数で，go が本来的に経路を備えた動詞であることが，このような解釈を生み出す基盤となっている．

なお，go については，このほか (3) のような制限がみられるようである．

(3) a. *He went from Chicago.
 b. He went away from Chicago.
 c. *He went aimlessly around.
 d. He went aimlessly through the streets. （Marantz 1992）

(3) の文法性の違いについて Marantz は，その行為が「測定」(4.6節を参照)するような経路が必要になるため，と述べている．Marantz の説明は，way 構文との関連でなされているものであるが，その説明には「方向性をもった動き」(directed motion) という，go の性質が示されていると思われる．なお，日本語における「行く」は，go とほぼ平行した意味・用法をもつものと考えてよいようである．以下の分析においては，とくに日本語との比較が問題になる場合は，go を両言語に共通の基本語として考えることにする．

6.1.2 Bタイプ: **Verbs of Motion** (+ **Manner**)

run, walk などの B タイプの動詞については，Jackendoff (1987) は次のような語彙記載項を与えている．

(4) $\begin{bmatrix} \text{run} \\ +V, -N \\ [\underline{\quad} \text{PP}_j] \\ \text{Event}\begin{bmatrix} \text{GO}([_\text{Thing} i], [_\text{Path} j]) \\ [_\text{Manner} \ldots] \end{bmatrix} \end{bmatrix}$

(4) にみられるように，run は関数として GO をとり，事物と経路という2つの項を事象に写象する．他の同様の運動の動詞とは，様態によって区別されるが，それは (4) の [$_\text{Manner}\ldots$] が示しているものである．Jackendoff (1990) は，たとえば run, walk, jog, lope, spring などの動詞については，それぞれの動詞に意味の違いはあったとしても，文法的な重要性はもたず，いずれも「運動の動詞」として (5) のような構造をもつと考える．

(5) [$_\text{Event}$ GO ([$_\text{Thing}$], [$_\text{Path}$])]

これらの動詞を区別するのは (4) における [$_\text{Manner}\ldots$] の部分で，これについては Marr (1982) の 3 次元モデル表示が担うものとし，概念構造における区別とは考えないことになる (5.1 節を参照)．

なお Taylor (1996) は，このような Jackendoff の考え方に対し，(6)–(8) のような違いを指摘し，run と jog は統語構造との関係において同様に扱うべきではないと主張している．

(6) a. Bruce ran against Phil.
    b. *Bruce jogged against Phil.
(7) a. He ran a mile in less than four minutes.
    b. *He jogged a mile in ten minutes.
(8) a. run a race
    b. *jog a race

上記のような文法性の違いについては，どのような枠組みをとるにしても，いずれ説明を与えなければならない現象であることは確かである．問題は，[Manner . . .] が単なる知覚的 (perceptual) な情報として，付随的な機能しか担わないということではないらしいということにある．ここでの分析においても，視覚をとおして得られる「様態」に関する情報を，どのように構造のなかに組み込むかということがテーマの1つでもある．

このタイプの動詞は，(5) の構造にみられるように，経路が存在している．以下の例では，それぞれの文の解釈に，経路の存在が影響を与えているように思われる ((9)–(11) は Yoneyama (1995)，(12) は Levin and Rapoport (1988))．

(9) a. The mouse ran under the table.
    b. The mouse ran behind the piano.
(10) a. Bill ran in the field.
    b. Bill ran in the house.
(11) a. Bill was running in the field.
    b. Bill was running in the house.
(12) a. The mouse crawled on the table. (ambiguous)
    b. La souris a rampé sur la table. (unambiguous)

6.1.1 節では，go が under と共起する場合に，着点読みと経由読みの2つの解釈があることをみたが，様態を含む run などの場合には，さらに場所読みが加わる．（なお，人によっては「場所」と「場所の変化」(change of place) という2つの違いだけに注目し，「着点」と「経由」についてはとくに区別しない場合もあるようである．本節でも，とくに必要な場合を除き，着点と場所の2つを基盤とすることにする．）

(12a) では，着点読みと同時に場所読みも可能ということで，曖昧という指定がなされているが，(9) では，場所読みの容認可能性はかなり低くなる．一方，(10) では，着点読みの可能性はあるものの，場所読みが主となる．最後に (11) では，進行相との関連で着点読みは排除されることになる．

これらの一連の解釈は，Bタイプの動詞が2つの特徴をもつためと思われる．1つは経路，もう1つは [Manner ...] の存在である．ただし，同じBタイプとはいっても，run と crawl では「速度」とでもいうべき特徴に関して差があるし，同じ run でも，(9) と (10) にみられるように，運動が行なわれる場所と主語の大きさの関係によっても，その解釈には違いが生じてくるようである．

さらに，次のように主語の提示の仕方によっても，解釈に違いが生ずることは興味深い (Yoneyama 1995)．

(13)　a.　Spiders crawled under the table.（Place > Goal）
　　　b.　The spiders crawled under the table.（Goal > Place）

(13) の場合，同じように複数でも，定冠詞によって集団の輪郭がはっきりする (13b) の場合には，着点読みのほうが優勢になるのに対し，(13a) では場所読みのほうが優勢である．なお，(12b) のフランス語の例では，着点読みがないことに注目してよいであろう．後でふれる日本語との関係からみても，たいへん興味深い現象である (6.3 節および 6.6 節を参照)．また，次の例にも注目したい ((15b) は Gruber (1965))．

(14)　a.　The mouse ran under the table.　(= (9a))
　　　b.　The mouse ran from under the table.
(15)　a.　The mouse ran from under the table to behind the piano.
　　　b.　John ran from under the shed to in front of the house.
(16)　The mouse ran from under the table behind the piano.

(14) からわかるように，経路をとる場合，着点読みでは to が用いられないのに対し，起点読みでは from が必要になる．これは，着点読みが無標 (unmarked) であるのに対し，起点読みは有標 (marked) であることを示していると思われる．なお，(15) にみられるように，起点と着点が共起する場合には to が必要になる．これは，たとえば (16) のようにした場合，統語構造が優先して (17) のような解釈がなされるためと思われる．

(17)　The mouse ran from under [the table behind the piano].

6.1.3 C タイプ: **Verbs of Action**(+**Motion**)

　本章冒頭でみた dance, wiggle などの C タイプの動詞は，(18a) にみられるように，本来は行為動詞である．しかし，(18b) にみられるように，経路を表す PP などと共起すると，全体としては移動表現になるという特徴がある (Jackendoff 1990)．

(18) a. Willy wiggled / danced / spun / bounced / jumped for hours, without leaving the same spot.
　　 b. Willy wiggled / danced / spun / bounced / jumped into Harriet's arms.

このような C タイプの動詞に対しては，Jackendoff (1990) はその基本的な構造として，(19) のような関数構造を与えている．

(19) [$_{Event}$ MOVE ([$_{Thing}$])]

問題は，(18b) におけるように，経路表現と共起できるということで，Jackendoff は対応規則の 1 つとして，(20) のような GO 付加詞規則を提案している．

(20) [$_{VP}$ V$_h$ ... PP] may correspond to
$$\begin{bmatrix} \text{GO}\,([\alpha], [_{Path}\quad]) \\ \text{AFF}\,([\quad]^{\alpha}_{i},\ ) \\ _{Event}[\text{WITH / BY}\,[\text{MOVE}\,([\alpha])]_h] \end{bmatrix}$$

(20) は，主動詞に対応する [MOVE ([$_{Thing}$])] が従属的な位置に埋め込まれ，全体としては移動表現となることを表している．概念構造と統語構造の対応は，(20) においては h, α などの指標によってなされている．(20) では AFF という関数が使われているが，これは 4.1 節でもみたように，ある行為について，〈行為者〉(Actor) と〈被動作主〉(Patient) を項とする関数構造を形成するものである．このような行為者–被動作主の関係を表示する関数構造を Jackendoff は行為層と呼んで，主題層 (thematic tier) と区別している．(20) でいえば，統語構造で外項 (i で表示)

をとる事物（αで表示）が，〈行為者〉として移動表現の主体となることが示されている．なお，(20)の場合は他に対する働きかけのない自動詞表現であるので，行為層において〈被動作主〉は空になっている（行為層については第II部1.2節を参照）．

以上からもわかるように，Cタイプの動詞は本来は行為動詞であるが，経路表現と共起することによって，運動の動詞に意味が拡張している．(21)の文では，着点読みと場所読みが可能である．しかし，場所読みのほうが優勢であることは，Cタイプの動詞の本来的な性質を表しているように思われる（Yoneyama 1990）．

(21)　Mary danced under the lamp.　（Place > Goal）

6.1.4　Dタイプ: **Verbs of Action**（− **Motion**）

一般にway構文と呼ばれる移動表現を形成するのが，Dタイプの動詞である．DタイプとCタイプの動詞の大きな違いは，(22)の例が示しているように，Dタイプの動詞は，直接経路を表すPPをとることができないということである（Jackendoff 1990）．

(22)　a.　*Bill belched out of the restaurant.
　　　b.　*Harry moaned down the road.
　　　c.　*Sam joked into the meeting.

Dタイプの動詞には，本来的にまったく移動の要素はなく，wayのような語と結びつくことによって，移動表現として機能することができるようになると言える．Jackendoff (1990)では，(23)のような文については，(24)のようなway付加詞規則を対応規則として想定している．

(23)　a.　Bill belched his way out of the restaurant.
　　　b.　Harry moaned his way down the road.
　　　c.　Sam joked his way into the meeting.

(24) $[_{VP} V_h [_{NP} NP_j\text{'s way}] PP_k]$ may correspond to

$$\begin{bmatrix} \text{GO}\,([\alpha]_j, [_{Path}\ ]_k) \\ \text{AFF}\,([\ ]_i^\alpha,) \\ [\text{WITH / BY}\ \begin{bmatrix} \text{AFF}\,([\alpha],\ ) \\ -\,\text{BOUNDED} \end{bmatrix}_h] \\ \end{bmatrix}_{\text{Event}}$$ (= 第 4 章 (4))

(24) のうち [− BOUNDED] は，(25) の各文の非文法性が示すように，way 構文を形成する動詞が，過程として解釈される動詞でなければならないことを示している (Jackendoff 1990)．

(25) a. *The window opened / broke its way into the room.
b. *Bill hid / crouched his way into the room.
c. *Bill slept / fell / blushed his way to New York.

そのさい，「過程として解釈される」という条件について，Jackendoff (1990) は，eat, whistle, roll のような本来的な過程動詞，ないしは belch, joke などのように繰り返しの事象を表す動詞が，その条件を満たすものと考えている．(25) においては，open や break は繰り返しのない事象を，hide や crouch は状態的な事象を表すために，排除されることになる．ただし Jackendoff (1990) によれば，(26) のような文は，顔を赤らめることを繰り返す場合には，移動表現として可能になるようである．

(26) Bill blushed his way out of the room.

way 構文を形成する D タイプの動詞のなかには，way の助けを借りずに経路表現と共起できるものがある．音放出動詞 (verb of sound emission) がそれで，Levin and Rappaport Hovav (1991) には，(27) のような例がみられる．

(27) a. *The cat purred down the street.
b. The beautiful new Mercedes purred along the autobahn.
c. The bullet whistled by her.

Levin and Rappaport Hovav は (27) に関して，音放出動詞が運動の動詞として拡張されるためには，当該の音が動きに随伴するものでなければならないと述べている．(27) の文法性の違い，およびそこにみられる意味拡張のメカニズムについては，十分に検討する必要があるが，1 つの可能性としては，4.3 節でみた特質構造と共構成の働きがあると思われる．移動することが本来的に含まれている Mercedes と bullet がもつ目的役割が，音放出動詞と結びつくことによって，経路表現との共起が可能になると考えるわけである．いずれにしても，D タイプの動詞については，何らかの「助け」がなければ，経路表現とは共起できないようである．これに関連して，(28) のような興味深い例もある．sleep は普通，「眠る」という意味では (25c) にみられるように way 構文を形成することはできないが，適切なコンテクストが与えられると，直接経路表現をとることができることになる．

(28) Five people slept to New York (during a train ride from Boston to New York). (Tenny 1994)

(28) の場合には，( ) で示されたコンテクストが重要な役割を果たしている．

　以上の例からも，運動の動詞に関して，C タイプと D タイプの違い，さらには way 構文が可能な動詞とそうでない動詞の線引きは，かなりの程度，人間の外界解釈に依存しているように思われる．この場合も，2.1 節の「範疇化」でみた yes / no / not-sure の現象がみられ，Mercedes, bullet, train などがもつ動きの要素は，ある種の典型条件 (2.2 節を参照) と考えてもよいのかもしれない．なお，(27a) に対して，(29) が可能であることには注意してよいであろう．

(29) The cat purred its way down the street.

また，同じ動詞が C タイプと D タイプの両方に生起可能な場合には，若干の意味の違いが生ずるようである．Jackendoff (1990) は次の例をあげながら，(30a) の場合は 1 回の動作，(30b) の場合は「繰り返し」の読

みがあるものとして解釈されると述べているが，この差異はおおむね他の例についてもあてはまると思われる．

(30) a. Willy jumped into Harriet's arms.
　　　b. Willy jumped his way into Harriet's arms.

6.1.5　その他のタイプ

「運動の動詞」ということで，ここまでAからDまで4つのタイプの動詞をみてきたが，単独の動詞ではないものの，動詞句として移動を表す表現がある．たとえば，(31) がそれである（以下 (31), (33), (34) は Yoneyama (1995))．

(31) a. John took the elevator to the lobby.
　　　b. John took a bus to his office.
　　　c. John took the escalator to the fifth floor.
　　　d. John took the BMW to his office.

たとえば (31d) は，took the BMW が経路をとり，「ジョンは BMW に乗って会社へ行った」という移動を表している．(32) は Talmy (1985) が指摘している例であるが，同様の解釈がなされている．

(32)　She wore a green dress to the party.
　　　= She went to the party, wearing a green dress [the while].

このタイプの特徴は，他動詞と目的語が結合し，動詞句としてBタイプの自動詞に相当していることである．しかし，どんな結合でも可能かというと，そういうわけではなく，(33) の各文は非文である．

(33) a. *John read a book to the station.
　　　b. *John sang a song to the park.
　　　c. *John criticized Mary to the meeting.
　　　d. *John ate a hamburger to the station.

また，(34) の各文は，文法的ではあるが，(31) のような意味での移動表

現ではなく，それぞれ「＝」で示されたような構造として解釈される．

(34) a. John got off the elevator to the lobby.
＝ John got off [the elevator to the lobby].
b. John bought a return ticket to London.
＝ John bought [a return ticket to London].

(31)や(34)のような例から，このタイプの文には，(35)のような2つの読みの可能性があることがわかる．(35a)が運動の動詞の場合である．一方，たとえば(34)の2つの例は(35b)の「名詞句読み」の解釈をもつことになる．

(35) a. 連続事象読み (sequence of events reading)
b. 名詞句読み (noun-phrase reading)

なお，文によっては2つの読みをあわせもつものと，どちらか1つしかもたないものがある．

(36) 2つの読みをもつもの
a. John took the elevator to the lobby.
b. John took the bus to the station.
(37) 1つの読みしかもたないもの
a. John got off the elevator to the lobby. （名詞句読み）
b. John took the BMW to his office. （連続事象読み）

(36)の場合は，どちらの読みになったとしても，文の最終的な意味には大きな差はないと思われる．なお，(37a)の場合に「連続事象読み」がないということは，特質構造として「移動」の特徴をもっているエレベーターから降りるという状況も関与していると思われる．いずれにしても，このタイプに関しても，どのような動詞句が「運動の動詞」として解釈されるかは，人間による外界解釈に依存しているということが言えるであろう．

6.2 付加詞規則

付加詞規則については，すでに 4.1 節や運動の動詞の分類のなかで言及しているが，他の研究で提案されている規則との比較を含め，その特徴をみることにする．

Jackendoff が付加詞規則を考えた背景には，統語構造と概念構造のミスマッチの問題があった．way 構文は，統語構造と概念構造のミスマッチの典型的な例ともいえる．Jackendoff (1990) によれば，way 構文は，(i) 統語構造の成分と概念構造の成分の埋め込みの形が，まったく異なっている，(ii) 主動詞が本来 PP 項をとるものでなく，また，直接目的語の位置に生ずる one's way が，主動詞によって認可されたものではない，(iii) 概念構造における関数 GO と AFF に対応する語彙項目が，文のなかにない，という 3 つの点で異例であるということになる．one's way の特殊性は，(38) のように受動化が不可能であることにも表れている (Jackendoff 1990)．

(38) *His way was belched out of the restaurant by Bill.

これらの点をふまえ，Jackendoff は最終的には，way 構文を構文的イディオム (constructional idiom) とし，6.1.4 節でみたような way 付加詞規則として説明しようとした．

統語構造と概念構造のミスマッチという点では，C タイプの動詞についても言え，(39) の文では，「踊る」という様態は従属的になり，文全体としては，「踊りながら部屋のなかに入る」のような移動表現となる．

(39) John danced into the room. (= (1 (iii) a))

以上みてきた付加詞規則は，4.2 節でみた Levin and Rapoport (1988) の語彙従属の操作と，ほぼ同じものとみてよい．語彙従属は，様態や手段の要素を軸として提案されたもので，意味の拡張としてとらえられている．同じ現象が，Levin and Rapoport では積極的な意味拡張として，Jackendoff では意味と形式のミスマッチとしてとらえられているが，それぞれ

の枠組みを反映したものとして興味深い．また，Goldberg (1995) は，4.5節でもふれたように，構文文法の立場から構文としての分析を試みているが，考え方としては Jackendoff のものに近い．さらに，Pustejovsky (1995) は，共構成の立場から，多義性の一環として意味の派生を分析している．たとえば (40) の2つの文には，状態から推移への変化が起こっているが，それは float と into the cave の結合の結果と考えるわけである．

(40) a. The bottle is floating in the river. (= 第4章 (21a))
b. The bottle floated into the cave. (= 第4章 (21b))

6.3 非対格性と運動の動詞

非対格性は，最近の語彙意味論の主要な問題の1つである．「運動の動詞」との関連では，Levin and Rappaport Hovav (1992, 1995) に興味深い分析がみられる．

自動詞は均質的なものではなく，異なる統語構造 (D 構造 (D-structure)) と結びつく2つの下位クラスからなるとする，いわゆる「非対格性の仮説」(Unaccusative Hypothesis. Burzio (1986) ほかを参照) をふまえ，Levin and Rappaport Hovav (1995) は，非対格性は統語的に表示されるが，意味的に決定されるという立場をとる．たとえば Levin and Rappaport Hovav (1992) は，運動の動詞について，それぞれの特徴に基づいて (41) のような分類をしている．((41) において，DEC は直接外部要因 (direct external cause) を表す．)

(41) a. arrive 動詞: direction
b. run 動詞: manner, − DEC
c. roll 動詞: manner, + DEC

Levin and Rappaport Hovav は，すべての arrive 動詞は，動作主的か否かにかかわらず非対格的 (unaccusative) であるが，roll 動詞は基本的に非対格的，また，run 動詞は基本的には非能格的 (unergative) として特徴づけている．このうち「動作主的な運動様態の動詞」(agentive verb of manner of motion) に関連して，Levin and Rappaport Hovav (1995) は (42)（もとは Yoneyama (1985) より）のような例をあげ，その容認可能性の違いから，方向句 (directional phrase) と共起した場合には，動作主的な運動様態の動詞は，非対格的な振る舞いをするとしている．

(42) a. ?John-wa eki-e hashitta.
b. John-wa eki-e hashitte-itta.

そして (43) については，(43b) のように，方向を伴う移動の意味で用いられる場合は，march は外項をもたない非対格動詞として機能するため，他動詞化が可能になると説明している．((43) に関連した動詞の自他の交替については，Levin and Rappaport Hovav (1995)，影山 (1995)，丸田 (1998) ほかを参照．)

(43) a. The soldiers marched (to the tents).
b. The general marched the soldiers to the tents.
c. ??The general marched the soldiers.

なお，Levin and Rappaport Hovav (1995, 300) は，日本語における運動の動詞の語彙化のパターンに関して，日本語はロマンス語タイプではなく英語タイプであるとする Tsujimura (1991) の分析にふれ，Yoneyama (1985) との考え方の違いが，日本語における着点句の扱いにかかっている点は興味深いと述べている．経路については，Jackendoff (1983, 1990) をはじめとして，いろいろな研究があるが，有界と非有界という 2 つの対立が重要な働きをしているように思われる (6.6 節を参照)．

6.4 非対格性と way 構文

高見・久野 (1999) は，機能文法の立場から way 構文を分析するなかで，非対格性との関係について言及している．従来，主として生成文法の枠組みでは，Burzio (1986) の考え方を受けて，way 構文には非能格動詞のみが現れ，目的語に対格を付与することのできない非対格動詞は，現れることがないとされてきた ((44)–(48) は高見・久野 (1999))．

(44) a. John yelled / shouted / murmured his way down the street.
　　　b. John laughed his way out of the room.
　　　c. They whistled their way out of the restaurant.
(45) a. *The window opened its way into the room.
　　　b. *The apples fell their way into the room.
　　　c. *She arrived her way to the front of the line.

しかし，実際には非能格動詞のなかにも(46)にみられるように，way 構文には現れないものがある．

(46) a. *He walked his way to the store.
　　　b. *He ran his way down the alley.
　　　c. *The kid jumped his way into the sandbox.

一方，(46a)と同じように walk が使われても，(47)のように適格な文もある．

(47) a. Gandhi walked his way across the country to win the democracy for his people.
　　　b. The novice skier walked her way down the ski slope.

そのほか，高見・久野(1999)は，同じ roll という動詞を使っても，(48)の2つの文では解釈が異なることを指摘している．

(48) a. The avalanche rolled its way into the valley.
　　　b. The avalanche rolled into the valley.

(48a)では，雪崩が徐々に谷へ落ちてゆく様子が示唆されるのに対し，(48b)では，雪崩が谷へ落ちた状態に焦点があるというものである．

これらの観察をふまえ，高見・久野は(49)のような制約を提案している．

(49) way 構文に課される機能的制約: way 構文は,
　　（ⅰ）（ありきたりのものではない）物理的・時間的あるいは心理的距離が存在し,

（ii）主語指示物が，独自の様態で，
　（iii）その距離全体を徐々に移動し，
　（iv）動詞がその移動の様態を表す場合にのみ，適格となる．

way 構文については，高見・久野が主張する (49) のような制約があることは確かであろう．しかし，この種の現象は，運動の動詞という構造のなかにその要因があると考えたほうがよいように思われる．ここでは，way 構文を運動の動詞の一環として，英語における運動の動詞の構造のなかに位置づけて，分析してみたいと考えている．

6.5　Helen Keller と運動の動詞

　前節では way 構文について，機能的制約という観点からみたが，ここでは，構造的とでもいうべき観点から，way 構文の分析を試みる．その基盤になるのが，Helen Keller の英語である．

　Helen Keller は，生後 1 年半ほどして，高熱のために視力と聴力を失った．その後，Ann Sullivan らの指導により，最終的には言葉を話せるようになったが，この間の Helen Keller の努力は並たいていのものではなかったと思われる．生まれて 1 年間ほど人間の言語環境のなかにいたことが，もう一度人間の言葉を話したいという強い希望になったと思われる．筆者自身，Helen Keller の言語習得を詳細に研究したというわけではないが，Helen Keller の書いた本のなかに，運動の動詞に関する興味深い例文があったこともあり，その分析を「構造的な見方」の 1 つの例として提示することにしたい．これから引用するデータは，Helen Keller の 10 数冊の著書のうちの 1 冊から抜き出したものであることを考えると，これをもって決定的な証拠とするには不十分であることは確かである．しかし，それにもかかわらず，わずかなデータのなかにも，言語の本質と思われる点が垣間みられるような気がするのである．したがって，これから引用する例文は，1 つの「きっかけ」として考えていただいてもよいかもしれない．

　取り上げたテクストは，著書のうちでももっとも有名な *The Story of My*

Life（1902）である．100年ほど前，彼女がRadcliffe College 在学中の22歳のときに書かれたものである．いわゆる文学的な技巧と思われるものはなく，素直に自分の気持ちを言葉にしている．語彙意味論的にいうと，概念構造と統語構造が透明な形で対応しているような英語である．視力を失っていたために，物理的には空間表示を担う視覚が欠けているが，それにもかかわらず，通常の人間とかわらない言語活動が行なわれている．彼女の場合には，視力の欠如を補う想像力の世界が豊かであったと考えられる．Helen Keller をとおして，空間表示，概念構造，統語構造という3つの構造の関係を考えることも，第Ⅰ部の目的の1つである．この点に関しては，Jackendoff（1996）の議論が興味深い．

　Jackendoff は，第5章（2）に示された写象表示と空間表示の関係について，写象表示は視覚様相（visual modality）に限定されているのに対し，空間表示は，触覚的な情報や身体の位置感覚などをとおして得られる情報を表示するものと考える．そして，空間表示自体は写象的ではないが，そこからさまざまな写象が生成されるイメージ・スキーマ（image schema）を表示すると考えることは，可能であると述べている．イメージ・スキーマ自体は，具体的な写象ではなく，より抽象的な表示の構造ということであり，写象とイメージ・スキーマの関係は，ちょうど，文と思考の関係と同じようなものであると述べている．このような空間表示に対する Jackendoff の考え方をとるなら，Helen Keller の場合，視覚による写象的な情報はないとしても，概念構造と連結する空間表示は，十分に機能できていたことになる．彼女の場合，触覚や身体の位置感覚は普通の人以上であったはずであるので，概念構造との関係においても，必要な情報は得られていたと考えてよいであろう．

　以下の引用に使用したテクストは，現在普通に入手可能な A Bantam Classic（Bantam Books, 1990）である．実際には同様の文が繰り返し使われる場合があるが，それについては省略したため，(50)，(51) に抽出した例文は，数としてはかなり少数のものになっている（末尾の数字は頁数を表す）．

第 6 章　運動の動詞　75

(50) 　way 構文
 a. My earliest distinct recollection of my father is <u>making my way through great drifts of newspapers to his side</u> and finding him alone, holding a sheet of paper before his face. (9)
 b. ... <u>the great ship, tense and anxious, groped her way toward the shore</u> with plummet and sounding-line .... (15)
 c. On entering the door I remembered the doll I had broken. <u>I felt my way to the hearth</u> and picked up the pieces. (16)
 d. ... it seemed as if a tree of paradise had been transplanted to earth. <u>I made my way through a shower of petals to the great trunk</u> and for one minute stood irresolute; ... (19)
 e. Any teacher can take a child to the classroom, but not every teacher can make him learn ... ; he must feel the flush of victory and the heart-sinking of disappointment before he takes with a will the tasks distasteful to him and resolves to <u>dance his way bravely through a dull routine of textbooks</u>. (28)
 f. Narrow paths were shoveled through the drifts .... Half walking in the paths, half <u>working our way through the lesser drifts</u>, we succeeded in reaching a pine grove just outside a broad pasture. (41)

以上が way 構文であるが，イディオム的なもの (make one's way, work one's way) を含め，これまでみてきた例と同じものと考えてよいであろう．(50c) の I felt my way to the hearth (手探りしながら暖炉のところまで行った) という表現は，Helen Keller の身体の動きがよくわかる文といえる．また，(50e) で dance が way 構文として用いられていることにも注目してよいであろう．この場合は，実際に踊るわけではなく，「楽しくやりぬく」ぐらいの意味である．なお，(50f) は，雪が降ったあと，雪の吹きだまりを歩くさいの描写である．walk との対照にも注目したい．イディオム的なものを含め，Helen Keller が way 構文をどのように習得したかという点は興味深い問題であるが，さらに興味深いのは，本節で

扱ったAからCのタイプの運動の動詞も，同様に使われていることである．以下はその例である．

(51) その他の運動の動詞
    a. If my mother happened to be near, I crept into her arms, ... (11)
    b. ... I climbed another tree. (19)
    c. When I returned I felt a big cat brush past me as I opened the door. (30)
    d. ... the children watched the trains whiz by. (39)
    e. As the train rumbled by, ... (40)
    f. Then I entered into the melancholy details of the relation in which the great statesman stood to his party and to the representatives of the people. (64)
    g. ... I could now enter Radcliffe whenever I pleased. (71)
    h. I cannot, it is true, see the moon climb up the sky .... (90)
    i. After the play I was permitted to go behind the scenes .... (98)

運動の動詞の観点からみると，(51)の例については次の点が興味深い．

(52) a. climbが，目的語に応じて，自動詞と他動詞に使い分けられている．(3.1.4節を参照)
    b. enterとenter intoが，目的語に応じて使い分けられている．
    c. go behind the scenesが，「舞台裏へ行く」というように，経路を含む移動表現として使われている．(6.1.1節を参照)
    d. 音放出動詞(whizなど)が，運動の動詞として使われている．(6.1.4節を参照)

以上，Helen Kellerの運動の動詞の表現をみたが，Helen Kellerの言語習得の状況を考えると，運動の動詞のさまざまな用法は，体系のなかに構造化されていると考えたほうがよいことを示唆しているように思われる．

6.8節では，運動の動詞に関する「構造的な見方」を，第I部の基本的な考え方として提案したいと考えている．

6.6 英語との比較でみた日本語の運動の動詞

英語の運動の動詞については，日本語と比較すると，その特徴がよりいっそう浮き彫りになる．英語の運動の動詞に関しては，AタイプからDタイプ，およびその他のタイプについてみたが，6.1節であげた英語の5つのタイプに対応するものとしては，日本語の場合は以下のようになる．

(53) Aタイプ
 a. ジョンは駅へ行った．
 b. ジョンは駅へ来た．
 c. ジョンは部屋へ入った．
 d. ジョンは駅へ着いた．

(54) Bタイプ
 a. ジョンは駅へ走って行った．（=(42b)）
 b. ジョンは駅へ歩いて行った．
 c. ジョンは岸へ泳いで行った．
 d. ジョンは公園へジョギングをして行った．

(55) Cタイプ
 a. ジョンは踊りながら部屋のなかへ入った．
 b. ジョンは部屋のなかへ飛び込んだ．
 c. ジョンは身体をくねらせながら穴から出た．
 d. ジョンは飛び跳ねるようにして部屋のなかへ入った．

(56) Dタイプ
 a. ジョンはレストランからげっぷをしながら出てきた．
 b. ジョンは会議の席へ冗談を言いながら入って行った．
 c. ジョンはうめきながら通りを下って行った．
 d. ベーブ・ルースは(たくさん)ホームランを打ってアメリカ人に愛されるようになった．

(57) その他のタイプ
 a. ジョンはエレベーターに乗ってロビーへ行った．

b. ジョンはバスに乗って会社へ行った．
c. ジョンはエスカレーターに乗って5階へ行った．
d. ジョンはBMWに乗って会社へ行った．

英語との比較でいうと，様態を伴わないAタイプについては，ほぼ平行した対応があるとみてよい．しかし，Aタイプ以外については，はっきりした差がある．それは，Bタイプからその他のタイプまで，Jackendoffの概念構造でいえば，GOにあたる要素が語彙化されていることである．日本語においては一般に(59)だけでなく(58)の文も非文とされている．

(58) a. ?ジョンは駅へ走った．（＝(42a)）
b. ?ジョンは駅へ歩いた．
c. ?ジョンは岸へ泳いだ．
d. *ジョンは公園へジョギングをした．
(59) a. *ジョンはレストランからげっぷした．
b. *ジョンは会議のなかへ冗談を言った．
c. *ジョンは通りをうめいた．

(58)に関しては，とくに(58a)が，目的としての場所を表す場合などに容認されることはあるが，通例は(54)ないしは(60)のように表現されるはずである．

(60) a. ジョンは駅まで走った．
b. ジョンは駅まで歩いた．
c. ジョンは岸まで泳いだ．
d. ジョンは公園までジョギングをした．

(59)の場合は容認されることはないが，それは「げっぷをする」，「冗談を言う」，「うめく」に，まったく運動の要素がないためと思われる．ただし，Bタイプの動詞については，経路に関して興味深い問題がある．(58)と(61)を比較すると，そこに違いのあることがわかる（Yoneyama 1985）．

(61) a. ジョンは土手の上を走った．

b. ジョンは岸へ向かって泳いだ．
c. ジョンは池の周りを歩いた．
d. ジョンはトンネルのなかを走った．
e. ジョンは川に沿ってジョギングをした．

Jackendoff (1983) は，経路について有界と非有界の区別を示唆しているが，日本語について言うと，Bタイプの動詞は，非有界の経路と共起する場合には容認されることがわかる．この事実については，Jackendoff (1990, 89) でも，「理由ははっきりしないが」という断りをつけて指摘されている．Bタイプの動詞については，様態の本質，様態と運動の関係など，検討しなければならない点がある．この検討により，運動の動詞の基本的(普遍的)な意味構造がどのようなものであるかについて，ある方向性が得られるようにも思われるが，なかなか厄介な問題であることも確かである．

なお，運動の動詞に関しては Talmy (1985) が，(62)，(63) のような例から，英語とスペイン語の語彙化のパターンとして，(64a)(英語の場合)と (64b)(スペイン語の場合)を提案している．((64) における5つの要素の内容は，おおよそ次のとおりである．Figure は移動または存在する物，Motion は動詞が表す移動 (move) ないし存在(be_L は be located の略)，Path は Figure が Ground に関してたどる経路ないしはそれが占める位置，Ground は Figure の移動や存在が示される場所，そして Manner / Cause は Figure の移動・存在に伴う様態・原因である．たとえば，The pencil rolled off the table. の場合でいえば，the pencil が Figure, the table が Ground, off が Path であり，Motion (この場合は move) と Manner は動詞の rolled が表すことになる．以上からもわかるように，Talmy の用語は移動と存在の両方の場合を含むなど，本書で用いているものとかならずしも同じというわけではない．)

(62) a. The craft floated / was afloat on a cushion of air.
b. The craft moved into the hangar, floating on a cushion of air.

c. The craft floated into the hangar on a cushion of air.
(63) a. La botella entró   a   la   cueva (flotando).
        the bottle moved-in to   the cave   (floating)
    b. La botella salió   de   la   cueva (flotando).
        the bottle moved-out from the cave   (floating)
(64) a. Figure   Motion   Path   Ground   { Manner }
                                          { Cause }
                  { move }
                  { be_L }
                 ⟨surface verbs⟩

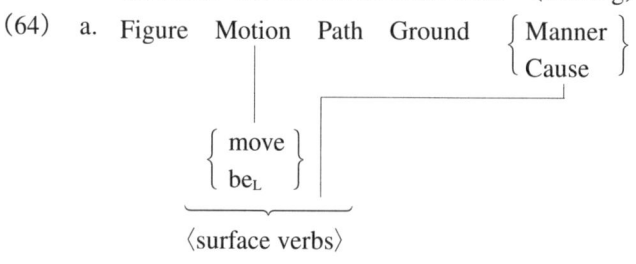

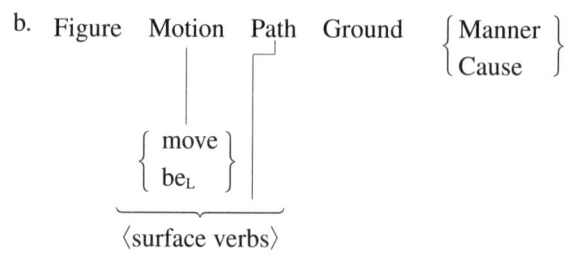

    b. Figure   Motion   Path   Ground   { Manner }
                                          { Cause }
                  { move }
                  { be_L }
                 ⟨surface verbs⟩

(64)の図式が示していることは，英語ではmoveと様態の合成により表層動詞（surface verb）ができるのに対し，スペイン語ではmoveと経路が合体するということである．スペイン語では，様態はコンテクストから解釈されうるということで，flotandoが括弧で示されている．(64)で示されている運動に関する5つの要素は，どの言語にも基本的に備わっているものと考えられるが，言語によって，そのうちのどの部分に焦点をあてるかが異なっていることがわかる．英語の運動の動詞については，moveと様態の合成を基盤としていることをみたが，語彙従属や付加詞規則として検討してきたものは，(64)の合成の過程と同じものであるといってよい．なお，(65)の例からもわかるように，フランス語では，英語のようなmoveと様態の合成がないために，sous (under)が場所としての解釈しかもたないと考えられる（例はLevin and Rapoport (1988)）．

(65)   a.   The boat floated under the bridge.　（ambiguous）
          b.   Le bateau a flotté sous le pont.　（unambiguous）

6.7　傾向としての語彙化

以上，英語と日本語を中心に，概念構造と統語構造の対応をみた．しかし，池上(1981)が指摘するように，とくに意味の領域については，「傾向」という考え方が重要になろう．英語と日本語の対照については，Yoneyama (1997) に以下のような例がある．(66)，(67) の場合は，運動の動詞のパターンという点でみれば，英語と日本語が逆になる点で興味深い．

(66)   a.   学生たちは英国大使館へデモをした．
          b.   太郎は IBM へ就職した．
(67)   a.   *The students demonstrated to the British Embassy.
          b.   *John got a position to IBM.

英語では，(66) の各例に対応する文法的な表現としては，(68)，(69) のようなものが考えられるようである．

(68)   a.   The students demonstrated in front of the British Embassy.
          b.   The student demonstrators marched to the British Embassy.
          c.   The students demonstrated their way to the British Embassy.
(69)   John got a position in / at IBM.

(66)，(68) が示していることは，日本語においては「デモをする」が経路表現をとれるのに対し，英語の demonstrate は D タイプ(動きを伴わない行為動詞)であり，way 構文によって移動を表現するということである．これらの例からは，概念構造が仲介として重要な存在になっていることが観察できるように思われる．学生たちがデモをする外界の状況は，どの言語使用者にとっても共通と思われるが，日本語では経路表現をとることのできる運動の動詞として，一方，英語では，D タイプの行為動詞と

してとらえているということである．（なお，(66a)の文法性については，「?」をつける判断もあるようである．その場合は，(58a)（「? ジョンは駅へ走った」）と同じようなケースと考えられる．）いずれにしても，英語には傾向として，(64a)のような語彙化のパターンが存在するということは言えるであろう．

6.8　運動の動詞の構造

以上の検討をふまえ，英語の運動の動詞について，以下のような体系を想定することにする．英語の運動の動詞の場合，「様態の合成」（manner-conflation）が語彙化の典型的なパターンであることをみた．ここでは，様態を含む B タイプの運動の動詞を英語の中心に据え，行為動詞がそれに向かって収斂する構造を，(70)のように図式化することにする．

(70)　英語の運動の動詞の構造
　　A タイプ: verbs of motion (− manner)
　　B タイプ: verbs of motion (+ manner) < way 構文
　　C タイプ: verbs of action (+ motion) ┄┄┄┄
　　D タイプ: verbs of action (− motion) ────

(70)は，C タイプ，D タイプの動詞が，必要な操作によって B タイプの動詞と同様の働きをする傾向があることを示している．そのさいの必要な操作としては，付加詞規則，語彙従属，共構成と，いろいろな考え方が提案されているが，基本的には同じもので，最終的には「意味拡張」としてとらえてよいものである．英語の場合は，要素をつけ加えてゆく日本語とは異なり，語形を変えずに拡張というプロセスで新しい意味を作り出す様子が，浮き上がってくる．(70)のうち C タイプについては，(71)のように，直接経路表現をとる場合と way 構文を形成する場合の，2つの可能性があるが，6.1.4 節でみたように，これら2つの操作によって作られる次の文には意味の違いがあることも，(70)のような構造を考えれば説明が可能であろう．

(71) a. Willy jumped into Harriet's arms. （= 30a）
    b. Willy jumped his way into Harriet's arms. （= 30b）

(71b) には jump の繰り返し読みがなされるが，これは way 構文の基盤が「過程」にあることが主な要因であると思われる．

　なお，本書では (70) の構造については，その解釈(範疇化)は概念構造でなされるものと考える．したがって，概念構造において，ある動詞がDタイプの動詞として解釈(範疇化)されれば，way 構文が可能になると考えられる．その予想は，かなりの動詞について way 構文が形成されることから，正しいとみてよいと思われる．たとえば，次のような例も可能である．

(72) a. John drank his way into an early grave.
    b. I studied my way to a full understanding of Lexical Semantics.

それぞれ，「ジョンは酒を飲み続けて早死にした」，「勉強を重ねることで，語彙意味論がよく理解できるようになった」のような意味になる．(72) のような例はかなり自由に作り出すことができることからすると，高見・久野 (1999) の機能的制約や，Goldberg (1995) の手段解釈優勢という考え方は，way 構文が「過程」を基盤とする構文であることを考えれば，コンテクストとの関係のなかで引き出される特徴のようにも思われる．

6.9　空間表示との関連でみた概念構造の位置づけ

　第5章では，Jackendoff (1996) と Peterson et al. (1996) の考え方をとおし，空間表示と概念構造の関係についてみた．Jackendoff によれば，A bird is a kind of animal. のようなタクソノミーは概念構造のみが扱い，場所，経路，それに移動の概念は，概念構造と空間表示の両方に共有されることになる．また，Peterson et al. の研究により，前置詞の in の使用の可否が，概念表示における「包含」という概念によって決まること，そして空間に関する表現は，言語と感覚のインターフェイスから直接派生す

るものではなく，概念表示が仲介として機能していることをみた．これらの考え方を，今までの観察にあてはめてみると，運動の動詞に関する分析に興味ある方向性が見えてくるように思われる．

　運動の動詞に関する言語化を概略的に示せば，次のようになる．視覚などをとおして入るさまざまな動きに関する情報は，概念構造を仲介として統語構造に送られるが，そのさい概念構造でそれぞれの言語の構造にしたがって解釈(範疇化)が行なわれる，ということである．本書では，英語の運動の動詞を A から D のタイプに分類したが，この分類は概念構造の役割ということになる．たとえば，英語においては，動きや移動を表すさまざまな動詞があるが，それぞれは概念構造での解釈(範疇化)に応じて，該当のタイプに分類される．これらは概念構造と統語構造とのインターフェイスで，それぞれの言語の構造に照らした統語構造に対応することになる．空間表示からの情報が概念構造で解釈(範疇化)を受けるとすれば，第 6 章でみたように，C タイプの動詞が直接経路をとる場合と way 構文になる場合があることなども，説明ができると思われる．また，運動の動詞を用いた文については，容認可能性や意味解釈に，判断の揺れがみられることがあるが，これも概念構造における解釈(範疇化)がその要因になっていると考えられる．

　一方，アスペクトとの関係も興味深い．本書では，運動の動詞に関する現象が，有界と非有界というアスペクトの概念と深く関連していることをみたが，この有界，非有界という区別も，概念構造の役割となるはずである．この点では，Tenny (1994) のアスペクト・インターフェイス仮説 (4.6 節を参照) が，普遍的な連結原理にとって可視的なのは，アスペクトに関する部分であると述べていることとつながり，たいへんに興味深いといえる．

お わ り に

　以上，運動の動詞を中心に，語彙意味論の流れとその展開をみてきた．運動の動詞にみられる意味拡張や，いわゆる語の多義性をどのようにとらえるかは，意味論の中心的な問題である．3.1.1節でみたように，Jackendoff は，人間の認識は抽象的なものを含めさまざまな領域に及ぶが，概念構造をとおしてみると，そこに共通性があり，比較的少数の関数の組み合わせによって記述できると考える．そのさい，空間的な認識は人間にとってもっとも目立つ領域ではあるが，他の領域の認識も同様に，生得的に備わっていると考えることになる．一方 Lakoff は，比喩は人間にとって基本的な心の働きであり，人間の具体的なものの認識から抽象的なものの認識への移行は，比喩的拡張（metaphorical extension）によって行なわれると考える．多義性については，ほかにもさまざまなアプローチがあるが，その優劣は，興味ある現象をいかに説得力をもって説明できるかによっていることは間違いない．

　ただ，語彙意味論の展開のなかで少しずつみえてきたことは，説明方法がだんだんと似てきているということである．Jackendoff (1997) は，従来彼が「解釈規則」と呼んでいたものに，Pustejovsky の生成辞書的な操作を取り入れている．また，way 構文を含めた構文的な現象については，Jackendoff (1997) も述べているように，Goldberg の考え方と似たものになっている．生成文法的な語彙意味論と認知言語学については，いまだに「統語論の自律性」をめぐり重要な違いがあるが，共通する面がかなりあることも確かである．

　今後の語彙意味論の展開のなかで注目してよいと思われるものは，Jackendoff が空間表示の考え方を積極的に取り入れていることである．5.2 節では，Jackendoff (1996) における，概念構造と空間表示の役割分

担について，4つの基準を概観した．空間表示の重要性が増すということは，空間表示−概念構造−統語構造のあいだの関係で言えば，概念構造の位置づけが変化することを意味すると思われる．Jackendoff (1983) は，意味論の自律性の旗を掲げ，概念構造にかなりの仕事を割りあてた．そして，その後しばらくは，本書でも検討したように，様態をはじめ視覚的な問題については，概念構造の役割ではないとしてきた．しかし，今後はPeterson et al. (1996) にみられるように，空間表示と概念構造のあいだの関係が重要になってくるのではないかと思われる．そのなかで，概念構造の役割は，解釈的な方向に傾斜していくことが予想される．本書でもみたように，(1) の文に対する Jackendoff の説明の仕方は，(2) のように解釈的なものに変化している．

(1) The light flashed until dawn. （= 第 4 章 (22a)）
(2) 繰り返し
Interpret VP as [REPETITION OF VP] （= 第 4 章 (23a)）

Jackendoff (1997, 152) は表示的モジュール性について，次のように述べている．

> 表示的モジュール性は，けっして「仮想の概念的必然性」ではない．それは精神の全体構造についての仮説であり，言語能力ばかりでなく，他の能力によって立証されるものである．

Jackendoff は今後も，概念構造を精神の構造の中心として位置づけてゆくと思われるが，脳や社会的・文化的認知に関する研究を取り込み，従来とは違った姿をとるようになることが予想される．その意味でも，Bloom et al. (1996) のような分野との協力は，今後さらに重要性を増してゆくものと思われ，双方の研究成果に注目したい．

第 II 部

意味役割と英語の構文

はじめに

　第 II 部では，意味役割理論についての考察と，それに基づいた英語の構文，とくに結果構文，二重目的語構文，中間構文の分析を提示する．
　文の命題部分の意味を分析する手法として，動作主（Agent）や被動作主（Patient）あるいは主題（Theme）といった，名詞句の意味役割（あるいは主題関係）を設定する方法がある．また，文(ないし動詞)の意味をCAUSE や GO などの意味概念に分解して表示し，名詞句の担う意味役割は，その意味概念構造から自動的に読み取れるようにしておくという方法もある．いずれにせよ，文の骨格としての命題内容を扱う意味役割の研究は，言語研究の中核をなすと言うことができ，また，人間が世界の状況をどのように切り分けているかという認知論的興味とも相まって，多くの研究者の注目するところとなっている．したがって，関連する文献は膨大な数にのぼると思われる．1960 年代以降の研究に限って目についたものだけをあげても，Gruber (1965, 1976), Fillmore (1968), Jackendoff (1972, 1983, 1990), Dowty (1979, 1991), 池上 (1981), Langacker (1991), Rappaport and Levin (1988), Pinker (1989), Bresnan and Zaenen (1990), van Valin (1990), Croft (1991), 中右 (1994), Pustejovsky (1995), Levin and Rappaport Hovav (1995), 影山 (1996) など，さまざまな研究がある．
　意味役割理論を論ずるときには，本来ならば，上にあげたようなさまざまな枠組みに立つ多様な研究を，ある程度念入りに検討しておくことが望ましいと思われる．しかし，本論では紙面が限られているために，先行研究の検討にあまりスペースを割くことはできない．そこで，多少乱暴なやり方ではあるけれども，本論では Gruber (1965, 1976) の主題関係の分析と，Jackendoff (1990) の概念構造に基づく分析の 2 つをみて，先行研究のだいたいの様子をつかむことにしたい．

まず第1章で，この2つの研究を概観し，従来の意味役割理論では場所理論的な考え方が前提となっていることを確認したうえで，その場所理論的な考え方を批判的に検討する．そして，その議論をとおして，従来の意味役割理論の問題点を明らかにしたい．

第2章では，前章で判明した意味役割理論の問題点を解消するための修正を組み込んだ，意味役割の新しい分析を提示する．その新しい分析の1つの特徴は，意味役割をいわゆる Larson 流の動詞句シェル構造に結びつけて考える点である．意味役割を統語構造に還元しようという，思い切った提案をしている先駆的研究に，Hale and Keyser (1993) がある．本論の分析は，具体的な点でかならずしも Hale and Keyser (1993) の路線を踏襲するものではないけれども，意味役割をあくまでも統語構造との関連でとらえようという姿勢では，共通するものがあると言える．理論的な枠組みとしては，80年代後半から Chomsky を中心に開発されているミニマリスト(極小主義)・プログラムを採用し，とりわけ，そのなかの照合 (checking) 理論を仮定する．

第3章では，提案された新しい意味役割理論に基づいて，英語の結果構文，二重目的語構文，中間構文の分析を提示する．とりわけ，それらの構文に生起できる動詞と生起できない動詞の違いを，原理的に説明することが目標となる．その説明では，動詞句シェル構造に結びつけられる3つの意味役割(すなわち《動作主》《場所》《存在者》)の階層と格照合素性が，重要な役割を果たすことが示される．

第 1 章　意味役割理論再訪

1.1　主題関係：Gruber (1965, 1976)

次の (1a), (1b) の文は，ある本の所有権がビルからジョンに移行したという出来事を表している．

(1)　a.　Bill gave a book to John.
　　　b.　John obtained a book from Bill.

また，(2a), (2b) の文は，本の所有権の移行がお金と引き換えに行なわれたことを表している．

(2)　a.　Bill sold a book to John.
　　　b.　John bought a book from Bill.

これらの文で，give や sell が動詞のときは，本のもとの所有者であるビルが主語になり，本の新たな所有者であるジョンが前置詞 to の目的語になっている．一方，obtain や buy が動詞のときは，逆に，本の新たな所有者のジョンが主語になり，もとの所有者のビルは前置詞 from の目的語として現れている．

Gruber (1965, 1976) は，このような状況，すなわち，1つの同じ出来事を異なる動詞(give と obtain，ないし sell と buy)を用いて表すことができ，かつ，用いられる動詞によって，主語になる要素や前置詞の目的語になる要素，およびその前置詞の選択に一定のパターンが観察されるという状況を効率よく記述する方法として，一定の抽象的レベルにおいて，し

かるべき意味関係を規定することを提案した．Gruber の具体的な提案は，「語彙項目が挿入される前の構造」(prelexical structure) において，たとえば (3) のような意味表示を設定するというものであった．語彙挿入前の構造とは，語彙挿入が行なわれ，変形部門への入力となる深層構造にいたる前の，より深い構造ということである．しかし Gruber の提案が，Chomsky (1965) や Katz and Fodor (1963) に代表される，変形生成文法のいわゆる標準理論の枠組みのなかでなされたことを考えると，理論的枠組みが当時とは大きく様変わりしている現時点において，Gruber のいう語彙挿入前の構造が，しかるべき意味関係を規定するレベルとして適当であるかどうかを掘り下げて考察することには，あまり意味がないように思われる．したがって，すぐに (3) の意味表示をみることにしよう．

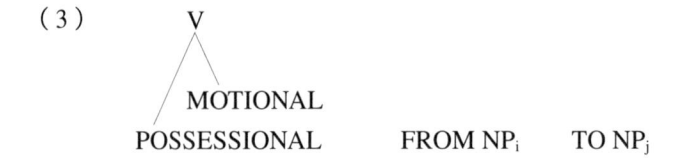

(3)　　　　　　　V
　　　　　　　／＼
　　　　　　MOTIONAL
　　　POSSESSIONAL　　　　FROM NP_i　　TO NP_j

(3)の表示は，(1), (2) の give, obtain, sell, buy などの動詞に共通する意味関係を表していると考えられる（ただし，sell と buy にかかわるお金の動きに関してはここでは考慮外とする）．FROM NP_i が移動の出発点を表すのに対して，TO NP_j は移動先を表している．また，(1), (2) の文で動詞の目的語として現れ，(3) の表示では表現されていない名詞句は，移動する物を表すとみなされる．Gruber は，これらの意味要素に対して，それぞれ〈起点〉(Source)，〈着点〉(Goal)，〈主題〉(Theme) という名前を与えた．（動詞とこのような要素との関係は，さまざまな意味要素のなかで〈主題〉がもっとも無標の範疇であるという考え方から，一般に「主題関係」(thematic relation) と呼ばれることが多い．この用語は Gruber のものではなく，Jackendoff (1969, 1972) に由来するものであるが，便宜上，以下の Gruber の議論に関しても「主題関係」という用語を使うことにしたい．) Gruber の論点は，動詞 give と sell では〈起点〉要素が統語的主語に取り立てられ，一方の obtain と buy では〈着点〉

要素が統語的主語になるという表面的相違にもかかわらず，一定の深いレベルではそれらの動詞が，〈主題〉〈起点〉および〈着点〉要素を含む(3)のような意味表示を共有していると考える点である．

　そのような考えをとる利点としては，まず，(1)および(2)の各文が基本的に同一の出来事を表現することができるという事実が効率的にとらえられるということがある．(1)と(2)の文はいずれも，〈主題〉(本の所有権)が〈起点〉(ビル)から〈着点〉(ジョン)に移動したという出来事を表していると分析できる．(ただし，統語的主語に取り立てられることにより，その主語要素は〈動作主〉(Agent)の意味関係ももつことになるので，厳密にいうと，(1)と(2)の各文は同一の出来事を表すわけではない．動詞 give と sell では，〈起点〉要素が主体的に出来事を引き起こす役目を担うのに対して，obtain と buy では，〈着点〉要素がその主体的役割を果たしていると解釈される．したがって，(1)と(2)の各文で「同一」というのは，移動物としての〈主題〉の動きに関しては同じ，という意味である．)

　give, obtain, sell, buy などの動詞が，(3)に示すような主題関係を共有していると仮定することの利点をもう1つあげるとすれば，(1)，(2)とは異なり，(4)，(5)の文は容認できないという事実が自然な形で説明できるということがある．

(4) 　a. *Bill gave a book from John.
　　　b. *John obtained a book to Bill.
(5) 　a. *Bill sold a book from John.
　　　b. *John bought a book to Bill.

動詞 give と sell では，その語彙的特性により，〈起点〉要素が主語に取り立てられる．したがって，動詞句に残るのは(〈主題〉要素に加えて)〈着点〉要素であり，意味的にその要素は前置詞 to を伴うのが自然である．一方，obtain と buy では，〈着点〉要素が主語になるので，前置詞 from を伴う〈起点〉要素が動詞句に残ることになる．(1)，(2)の文がこの前置詞選択のパターンを満たしているのに対して，(4)，(5)はその逆のパ

ターンを含んでおり，主題関係と前置詞選択のあいだに衝突が起こるため，容認できない文になる．このように，いくつかの動詞に共通する(3)のような意味表示を仮定することで，前置詞選択の指定は，少なくとも個々の動詞に関しては行なわずにすませることができるようになる．

Gruber の主題関係理論に関して注意しておきたい点として，本人ははっきりとそう述べてはいないけれども，そのなかに「場所理論」(localist theory) 的な考え方が取り込まれており，理論全体にわたってかなり重要な役割を果たしているということがある．場所理論とは，19世紀前半あるいはそれ以前から続く，言語記述に関する一定の考え方をさし，その基本的な主張は「格および前置詞の意味は，知覚可能な空間関係に基づいて成立し，それが抽象的な(すなわち，直接的な知覚が不可能な)事例にも転用される」とまとめることができる(初期の文献として Wüllner (1827) や Hartung (1831) など，比較的最近の研究として Anderson (1971) や池上 (1981) などを参照)．

前置詞 from と to を例にとり，場所理論の考え方をみてみよう．(6a, b) の文は，手紙の物理空間的な移動を記述している．いうまでもなく，手紙は，from で示された場所から to で示された場所に，文字どおり「移動」することになる．

(6) a. The letter went from New York to Philadelphia.
b. He moved a stack of letters from the top of the desk to the lower shelf of the end table.

このことから，from の意味は移動の〈出発点〉ないし〈起点〉を示すことにあり，to の意味は移動の〈到達点〉ないし〈着点〉を示すことにあると規定される．from と to のこの意味は，物理空間的な移動を伴わない場合にも保持される．上の (1)，(2) でみたように，give, obtain, sell, buy などは，「もの」それ自体の移動ではなく，「もの」に関してその所有権のやりとりを問題にする動詞である．したがって，(1)，(2) の文は，かならずしも「本」の物理空間的な移動を含むとは限らない．しかし，抽象概念である所有権の「移動」を記述するこれらの文で，前置詞 from は

本のもとの所有者，すなわち「所有権の移動」の〈起点〉を示し，一方，to はその新たな所有者，すなわちその〈着点〉を示していることは間違いない．

さらに，次のような文における from と to の用法について考えてみよう（例文は Anderson (1971, 128) から）．

（7） a. His mood changed from indifference to anger.
　　　 b. They changed him from a shy youth to a dangerous psychopath.

前置詞 from と to が用いられているけれども，これらの文で記述されているのは，「もの」の物理的な移動や，抽象的な所有権の移行のようなものではない．(7a)では彼の気持ちの変化が描かれ，(7b)では彼の性格ないし人となりの変化が述べられている．場所理論の考え方のもとでは，これらのいわば状態変化の過程も一種の抽象的な「移動」ととらえられる．すなわち，「状態」(state)というのは一種の「抽象的な場所」と考えることができ，したがって，「状態変化」(change of state)というのは「ある抽象的な場所」（起点）から「別の抽象的な場所」（着点）へ向かっての「移動」であると考えられる．それだからこそ，このような状態変化文においても前置詞 from や to が用いられる，というのが場所論者の言い分である．

Gruber も，場所理論の以上のような考え方を踏襲する．彼は，具象物の「位置の変化」(transition of position)を表す(8a, b)のような文に加え，抽象的な変化を表す文で前置詞 from ないし to が用いられている例として (9)–(11) をあげている．それぞれ，(9a, b) は「所有の変化」(transition of possession)，(10a, b) は「あり様の変化」(transition of identification)，(11a, b) は「活動の変化」(transition of activity) を表す文であると特徴づけられている．

（8） a. Bill brought the book from John to Alice.
　　　 b. John threw the ball from the left side to the right side of the street.

(9) a. John obtained a book from Mary.
　　b. John gave a book to Bill.
(10) a. Bill converted from a Republican to a Democrat.
　　 b. John translated the letter from Russian into English.
(11) a. The circle suddenly switched from turning clockwise to turning counterclockwise.
　　 b. The climate changed from being rainy to having the dryness of the desert.

Gruber は，(8)–(11) に現れる from 前置詞句はすべて〈起点〉の主題関係をもち，to 前置詞句はすべて〈着点〉の主題関係をもつと分析する．そして，〈起点〉から〈着点〉に向かって具象的ないし抽象的な意味で「移動」する主体となる目的語ないし主語の名詞句は，いずれも〈主題〉と分析される．これは明らかに，場所理論的な考え方の実践であるということができる．

　Gruber は，これまでにみたような運動 (motion) ないし変化 (transition) を表す文に加え，変化を含まないいわゆる状態 (state) を表すタイプの文(存在文，所有文，叙述文)についても論じている．(12a, b) は「存在」を表す文である．

(12) a. The book is lying on the floor.
　　 b. A man is in the room.

存在文の場合には，存在するものが〈主題〉とみなされる．したがって，(12a, b) では，主語名詞句が〈主題〉となり，動詞に後続する前置詞句がその〈場所〉(Location) を表している．次の (13a, b) も存在文であるが，明示的な前置詞を含んでいないぶん，主題関係の認定が多少むずかしくなっている．しかし Gruber によると，(13a, b) がそれぞれ (14a, b) のように書き換えられることから，(13a) では目的語の the dot を，(13b) では主語の the circle を〈主題〉とみるべきであるという（詳しくは Gruber (1976, 45–48) の議論を参照）．

(13) a. The circle contains the dot.

b. The circle is surrounding the dot.
(14) a. The dot is inside of the circle.
b. The circle is around the dot.

位置変化文 ((8a, b)) に比べて，所有変化文 ((9a, b)) が抽象的であるのと平行的に，所有文は存在文よりも抽象的な性格をもつとみなされる．(15) では，所有の対象となる a roof と the book が〈主題〉であり，所有主の the house と John が抽象的な〈場所〉と分析される．

(15) a. The house has a roof (to it).
b. The book belongs to John.

さらに，次のような叙述文も，抽象的な「存在文」と分析される．いうまでもなく，主語名詞句が〈主題〉で，叙述機能を担っている形容詞句と名詞句は，抽象的な〈場所〉ということになる．

(16) a. That man is wise.
b. Bill is a doctor.

このように，存在文，所有文，叙述文など状態記述タイプの文に関しても，Gruber の分析は，場所理論的発想にしたがっていることがわかる．

Gruber の分析が場所理論的であることは，彼が主題関係を認定するさいの基準として，前置詞の現れ方を重視していることによく現れている．(13a, b) の文の主題関係を判断するときに，(14a, b) の前置詞によるパラフレーズを参考にしているのが，その1つの例である．また，その前置詞重視の姿勢は，次のような文の分析にも現れている．

(17) a. John came into money.
b. John came into possession of the cattle.

(17a) は「ジョンはお金を手に入れた」という意味であるから，主語の John はお金の新たな所有者である．(1), (2) の give や sell などの例でみたように，「新たな所有者」は，通例，〈着点〉の主題関係が与えられる．しかし，(17a) では事情が異なっている．come into という表現が，

具象的な位置変化の過程を記述する(18)などの文に現れた場合，その主題関係はあきらかに，主語が〈主題〉で，前置詞句が〈着点〉である．

(18) John came into the room.

(17a)の文もこれと平行的な分析を行なうべきであるというのが，Gruberの意見である．すなわち，(17a)の主語のJohnは，所有者ではあるけれども，〈主題〉の役割が与えられ，一方，前置詞句内のmoneyは，所有される対象であるけれども，〈着点〉ないし〈場所〉の役割が与えられるという分析である．本来，移動物ととらえられるべきお金のようなものが，〈着点〉ないし〈場所〉と分析されるというのは，意外な感じを与えるかもしれないけれども，(17b)のinto possession of 〜という表現などからもうかがえるように，into前置詞句が抽象的な所有状態(への変化)を表すという意味で，〈場所〉的なものとしてとらえることができるというのがGruberの発想であると思われる．

次の(19a)は，(17a)の逆で，「お金がなくなる」場合の表現である．この場合も，(19b)の位置変化文と平行的に，主語のJohnが〈主題〉であり，前置詞句のout of moneyが〈起点〉ないし〈場所〉を表すという分析をGruberはとる．すなわちここには，〈主題〉である「ジョン」が，抽象的な所有状態としての〈場所〉である「お金」から「離れる」というとらえ方がある．

(19) a. John ran out of money.
     b. John ran out of the room.

(17a)や(19a)の所有変化文に対して，次の(20a, b)は所有状態文とでも呼ぶべき例である．

(20) a. John is in the money.
     b. John is out of cash.

(20a)の前置詞inは所有関係が成り立っていることを，(20b)のout ofは所有関係が成り立っていないことを表すが，やはりこの場合も，主語の

Johnが〈主題〉で，前置詞句が抽象的な〈場所〉と分析されることになる．

本節では，Gruber (1965, 1976) の主題関係の理論を概観し，彼の分析が伝統的な場所理論の考え方を受け継いでいることを確認した．

1.2　概念構造：Jackendoff (1990)

Jackendoffは，英語のさまざまな文法現象を取り上げて意味論的観点から論じた1970年代の一連の著作において，それらの現象のなかには，主語や目的語といった文法関係に着目するだけでは，十分な説明を与えることができないものがあり，それらを適切に扱うためには，Gruberが提案する主題関係のような意味的概念が，どうしても必要であるという主張を行なった．彼はたとえば，再帰代名詞の分布や受動化の可能性を説明するさいに，主題階層 (thematic hierarchy) が有効に働くことを示すことにより，主題関係が言語分析にとって重要な概念であることを強調している．さらに彼は，Jackendoff (1983, 1990) などにおいて，概念構造に基づく意味理論を提示し，主題関係を動詞の概念構造に還元するという方向で，理論面の整備をはかった．本節では，Jackendoff (1990) を中心に，彼の概念構造に基づくアプローチをみることにする．

Jackendoffの概念意味論の枠組みでは，たとえば (21) の位置変化文，(22) の所有変化文，(23) の状態変化文は，それぞれ (24)–(26) のような概念表示が与えられる．((24)–(26) は大幅に簡略化された表示であり，本節の説明に直接必要となる部分だけを示してある．より完全な表示については Jackendoff (1990) を参照．)

(21)　Bill threw the ball into the field.
(22)　Bill gave Sam a book.
(23)　Bill broke the bowl into pieces.
(24)　$[\text{CAUSE}([\text{BILL}], [\text{GO}([\text{BALL}], \begin{bmatrix} \text{FROM}([\text{BILL}]) \\ \text{TO}([\text{IN}([\text{FIELD}])]) \end{bmatrix})])]$

(25)　[CAUSE ([BILL], [GO_Poss ([BOOK], $\begin{bmatrix} \text{FROM ([BILL])} \\ \text{TO ([SAM])} \end{bmatrix}$)])]
(26)　[CAUSE ([BILL], [GO_Comp ([BOWL], [TO ([PIECES])])])]

Jackendoff は，いわゆる述語分解（predicate decomposition）の考え方を採用し，概念構造を CAUSE, GO, FROM, TO などの抽象的な意味述語を用いて表記する．(24)は，「GO の第1項であるボールが，ビル(の所)からフィールドへ移動するという変化を，CAUSE の第1項であるビルが引き起こす」というほどの意味を表している．(25)と(26)もほぼ同じ構造を有している．唯一異なっているのは，GO につけられている記号である．これは，その GO の変化が起こる意味領域（semantic field）を指定する素性である．(25)は所有（possession）の領域での変化であることが，(26)は構成要素（material composition）の領域での変化であることがこれによって示されている((24)の GO に素性記号がついていないのは，その意味領域が無標の(物理的な)場所（location）であることによる)．

　ここで重要なのは，(21)で記述されている位置変化と，(22)の所有変化および(23)の状態変化が，共通の述語 GO を用いて表されているという点である．すなわちここには，ボールの物理的な移動と同じように，本の所有権の移行やボウルが粉々になるという状態変化を，一種の「移動」としてとらえようとする見方があり，これはあきらかに，場所理論的な考え方であるといえる．主題関係の用語でいえば，GO の第1項である〈主題〉が，FROM で示される〈起点〉から TO で示される〈着点〉に向かって，具象的ないし抽象的に「移動」する過程が表されていることになり，これは基本的に Gruber の分析と同じである．なお，CAUSE の第1項は，いうまでもなく〈動作主〉に相当する．

　場所理論的な考え方は，状態文の分析においてもみることができる．(27)の存在文，(28)の所有文，(29)の叙述文に対応する概念構造は，それぞれ(30)-(32)のようなものになる((28)，(29)の例は Jackendoff (1983)から)．

(27) The mouse is under the bed.
(28) Beth owns the doll.
(29) Elise is a pianist.
(30) [BE ([MOUSE], [UNDER ([BED])])]
(31) [BE$_{Poss}$ ([DOLL], [AT ([BETH])])]
(32) [BE$_{Ident}$ ([ELISE], [AT ([PIANIST])])]

ここではBEが共通する意味述語になっている．このことは，(27)–(29)の文がすべて一種の「存在文」と分析されているということを意味する．違いは，(30)が物理的な場所における存在を表すのに対して，(31)は所有の意味領域における存在を，(32)は同定 (identification) の意味領域における存在を表しているという点である．主題関係の用語でいえば，(30)–(32)の概念構造はすべて，BEの第1項である〈主題〉がUNDERやATなどの述語で表される〈場所〉に，具象的ないし抽象的に「存在」しているという解釈を受ける．

(24)–(26)および(30)–(32)の概念構造は，従来〈主題〉〈起点〉〈着点〉〈場所〉〈動作主〉などの主題関係でとらえられていた意味関係を，述語分解の手法を用いて構造的に表したものである．このような主題関係に対応する概念表示のほかに，Jackendoff (1990) は，要素間の力学的影響関係を記述するための表示レベルが必要であるとして，行為層 (action tier) というレベルを新たに導入する．たとえば (33) の文で表される「車が木にぶつかった」という出来事では，移動する車が〈主題〉で，車の到達する地点としての木が〈着点〉と解釈されると同時に，車が木に物理的な衝撃を与えるという力学的関係が生じている．これを表すために，Jackendoffは (34) の2層からなる概念表示を仮定する．

(33) The car hit the tree.
(34) $\begin{bmatrix} \text{INCH [BE ([CAR], [AT ([TREE])])]} \\ \text{AFF ([CAR], [TREE])} \end{bmatrix}$

(34) の上段が主題層 (thematic tier) で，車と木の位置的関係が読み込まれている (INCH(OATIVE)-BE-AT はほぼ GO-TO に相当する)．一方，

下段が行為層の表示で，車と木のあいだの影響 (affect) 関係が表される．AFF(ECT) の第 1 項が影響を及ぼす要素で，第 2 項が影響をこうむる要素と解釈する約束である．便宜上，Jackendoff は，前者を〈行為者〉(Actor) と呼び，後者を〈被動作主〉(Patient) と呼んでいる．

(34) では，〈主題〉の車が〈行為者〉となり，〈着点〉ないし〈場所〉の木が〈被動作主〉となっているが，この主題層の役割と行為層の役割の対応関係には，いくつかのパターンがありうる．(35a, b) の文では，(36a, b) の概念構造で示されているように，〈動作主〉の役割をもつ要素が〈行為者〉になり，〈主題〉の役割をもつ要素が〈被動作主〉になっている．

(35) a. Bill threw the ball into the field.
b. Phil opened the door.
(36) a. $\begin{bmatrix} \text{CAUSE ([BILL], [GO ([BALL],} \begin{bmatrix} \text{FROM ([BILL])} \\ \text{TO ([IN ([FIELD])])} \end{bmatrix})]) \\ \text{AFF ([BILL], [BALL])} \end{bmatrix}$
b. $\begin{bmatrix} \text{CAUSE ([PHIL], [INCH ([BE}_{\text{Ident}} \text{([DOOR],} \\ \text{[AT([OPEN])])])])} \\ \text{AFF ([PHIL], [DOOR])} \end{bmatrix}$

また，(37) の文が表す状況では，〈主題〉であるビルが〈行為者〉の役割をもつけれども，〈着点〉要素の「部屋」はビルの行為によりとくに影響を受けるわけではないので，〈被動作主〉の役割を担う要素は存在しないと考えられる．したがって，行為層の AFF の第 2 項が空白である (38) のような概念構造が仮定される．

(37) Bill entered the room.
(38) $\begin{bmatrix} \text{GO ([BILL], [TO ([IN ([ROOM])])])} \\ \text{AFF ([BILL],)} \end{bmatrix}$

さらに，(39) が表す事態には，〈行為者〉とみなせる要素は存在しない．ただし，主語のサムは，本を受け取ることにより何らかの影響を受けると

考えられるので，(38)とは逆に，行為層の第2項だけに要素が現れる(40)のような概念構造が得られる．

(39) Sam received a book.
(40) $\begin{bmatrix} \text{GO}_{\text{Poss}} \, ([\text{BOOK}], [\text{TO} \, ([\text{SAM}])]) \\ \text{AFF} \, (\quad , [\text{SAM}]) \end{bmatrix}$

(39)の主語のサムは，通例〈受取手〉(Recipient)ないし〈受益者〉(Beneficiary)の役割をもつとみなされる要素であるが，ここでは〈被動作主〉の一種として分析されている．すなわち，主題層で〈着点〉の役割を与えられる要素のなかで，(好ましい)影響を受けるものが〈受取手〉ないし〈受益者〉であるという分析である．

このように，主題層で与えられる役割と行為層で与えられる役割の対応関係は，さまざまである．このことは，動詞の意味記述(すなわち，概念構造の構築)においては，主題層と行為層という2つのレベルを独立に設定することが妥当な行き方であり，また必要でもある，ということを意味していると Jackendoff は考えている．

1.3 場所理論再考

1.1節と1.2節では，Gruber の主題関係と Jackendoff の概念構造によるアプローチの両方において，場所理論の考え方がとられていることをみた．場所理論の考え方は，この両者に限らず，事象構造の体系的な記述をめざそうとする研究では，ほぼ間違いなく採用されているようにみえる(最近の研究からいくつかあげるとすると，Langacker (1991), Croft (1991), 中右 (1994), Pustejovsky (1995), Goldberg (1995), 影山 (1996) など)．このように言語の意味研究に深く浸透していて，いわば共通の前提のような存在になっているために，場所理論の考え方自体を疑い，批判的に検討するというような試みは，これまでにほとんどなかったように思われる．しかし，それだけ広く採用され，大きな影響力をもつ考え方であるだけに，その妥当性をここであらためて検討することは意義があると思われる．以下本節では，場所理論における，(i)「抽象性」の概念と，(ii)

前置詞の扱いの2点について，批判的な立場から考察を行なう．

　抽象的な出来事や状態の把握が，具象的な空間表現に基づく形で行なわれるというのが，場所理論の基本的な考え方であるが，この場合の「抽象」と「具象」という概念について考えてみよう．一般的な理解では，直接的に知覚できる(とりわけ，目にみえる)ものや事態が「具象的」であり，直接的な知覚を許さないものや事態が「抽象的」である．たとえば，すでに取り上げた例を用いると，(41a)における本の移動は，物理的にみることができるので，「具象的」であるのに対して，(41b)の本の所有権の「移動」は，かならずしも本の物理的な移動を伴う必要がなく，その事実を目にみえる形で確認できるとは限らないので，「抽象的」である．

(41)　a.　Bill brought the book from John to Alice. (= (8a))
　　　b.　John gave a book to Bill. (= (9b))

状態変化に関してはどうであろうか．場所理論の考え方では，所有変化と同様に，状態変化も抽象的な「移動」とみなされることになるが，状態変化は知覚することができないであろうか．たしかに，(42a)のビルの政治的信条の変化は，ビルの外見を観察しただけでは理解できない性質のものであるが，(42b)の手紙の使用言語に関する変化は，その文字をみればすぐに確認することができる．また，(43)のボウルの形状変化は，あきらかに観察可能な物理的現象である．そうすると，状態変化はどういう意味で「抽象的」なのであろうか．

(42)　a.　Bill converted from a Republican to a Democrat. (= (10a))
　　　b.　John translated the letter from Russian into English. (= (10b))
(43)　Bill broke the bowl into pieces. (= (23))

　同様の疑問は，状態文の分析についても起こる．(44a)の存在文が表す状況は，「みる」ことができるので「具象的」であるのに対して，(44b)の所有文が表している状況は，本を観察してもジョンを観察しても，その事実を直接的に知覚することができない可能性があるので，「抽象的」で

ある．

(44) a. The book is lying on the floor. (= (12a))
b. The book belongs to John. (= (15b))

ここまでは納得できるとして，(45a, b) のような叙述文はどうであろうか．場所理論の考え方では，叙述文は抽象的「存在文」と分析されることになるが，(45a, b) が表す状況は，「みる」ことでその事実認定をはっきり行なうことができる．

(45) a. Bill was nude.
b. The door is open.

「ボウルが粉々になる」出来事や，「ビルが裸である」状態が知覚の対象となりうることは，(46) のような知覚構文が可能であることでも確認することができる．

(46) a. John saw the bowl break into pieces.
b. John saw Bill nude.

そうすると，場所理論の考え方のもとで，そういう状態や状態変化が「抽象的」であるというのは，どういう意味においてであろうか．

1つの考え方は，「状態」というのは本質的に，「抽象的存在物」(abstract entity) であると考えることであろう．たとえば (45a) の文で，「裸」という状態は，ビルが一時的(あるいは表面的)に得る1つの特性ないし属性 (property) である．そして，特性や属性というのは，具象的なものや場所のような個体とは異なり，知覚が可能か不可能かにかかわらず，すべて「抽象的」であるとする考え方である．

この考え方が妥当であるか否かは，判断がむずかしく，すぐには結論が出せない問題であり，いくぶん哲学的色彩をおびた問題であるようにも感じられる．ただし，「状態」は本質的に「抽象的」であるとするその考え方をとってしまうと，1つの問題として，たとえば「共和党員である」という状態と「裸である」という状態がともに「抽象的」であることになる

ため，両者のあいだにある知覚の対象になりうるか否かの違いが，「具象的」か「抽象的」かの区別によってはとらえられなくなるという事態が生ずる．これが本当に困った問題になるかどうかはともかく，「具象・抽象」の定義を知覚可能性の基準から切り離してしまうことによって，新たに生じうる問題，たとえば，その考え方のもとでは所有関係はどういう意味で「抽象的」であるのかなどの問題にも，答える必要が出てくる．そのほかにどのような問題がどの程度生じてくるかは，ここでは論じている余裕はないが，単なる印象だけで言っても，かなりむずかしい問題がかかわってくるように思われる．

　さらに言うと，実際のところ，状態および状態変化がどういう意味で「抽象的」であるかという問題は，場所論者のなかでもあまり真剣には議論されてこなかったように思われる．場所理論の考え方として，物理空間における具体物の存在および移動が外界認識の中心をなすという発想がまずあり，それ以外の事象の把握は，その基本的な認識の型をいわば転用する形で行なわれると主張する．状態および状態変化というのは，物理空間における具体物の存在および移動とは異なるタイプの事象であるので，その認識は基本的な型の転用によって行なわれるはずである．したがって，状態および状態変化は「抽象的」な性質をもつ(はずである)というのが，場所論者の実際の考え方の筋道であったように思われる．つまり，状態および状態変化が積極的な意味で「抽象的」であるというのではなくて，場所理論の根本的発想に沿うためにはそのように考えたほうが都合がよい，あるいは，考える必要があるといった種類の判断であったように思われる．

　場所論者が「裸」のような状態を「抽象的な場所」と実際に分析したのは，上で述べたような概念的理由づけによるというよりは，むしろ経験的な論拠を重視したためであるかもしれない．英語には次のような叙述文がある．

(47) a. John is in good health.
　　　b. That girl is in a desperate state.

(47a, b) は，物理空間における存在を表す文ではないけれども，叙述部に前置詞の in が現れている．前置詞 in は典型的に〈場所〉を導入する表現である．そうすると，(47) の叙述部も素直に考えれば〈場所〉であり，また，その叙述的前置詞表現とほぼ同じ意味をもつ healthy や desperate，さらには nude などの形容詞表現も，〈場所〉を表すと判断されることになる．しかし，それらの前置詞表現や形容詞表現が示すのは，in the room や on the table などとは異なり，あきらかに「具体的な場所」ではない．したがって，それは「抽象的な場所」を表していると考えなければならない．

　以上の議論は，一見したところ，たいへん説得力があるようにみえる．前置詞 in の機能が場所表現を作ることにあるのは自明のように思われるし，その前置詞表現が叙述文の述部に生起するということは，叙述文の述部が場所的な性格をもつことのまぎれもない証拠であると考えられるからである．この議論の根底には，「空間関係に基づいて成立した前置詞の意味は，拡張用法においても不変である」という場所理論の基本方針ないし主張がある．この方針ないし主張は，十分に自然であり，とくに疑うべき点もないように思われるが，経験的にも本当に正しいと言えるのであろうか．上の議論の妥当性を明らかにするために，状態(変化)文の抽象性の問題はひとまずおいて，前置詞の意味の問題を調べてみることにしよう．

　場所論者の主張を (48a-c) の例を用いて整理すると，要するに (a) の存在文と平行的に，(b, c) の叙述文でも，述部が〈場所〉で，主語が〈存在者〉(すなわち，〈主題〉) と分析できるということである．

(48)　a.　John is in the room.
　　　b.　John is in good health.
　　　c.　John is healthy.

(48a-c) の構文上の平行性からみて，場所論者の主張は問題がないように思われるが，それを支持する経験的な証拠はあるのであろうか．

　まず，there 存在文の可能性について考えてみよう．there 構文は，次

の (49) が示すように，存在する主体が(意味上の)主語の位置に現れ，場所の表現がそれに後続するという形になる(定性制約のため，意味上の主語は不定名詞句).

(49) There is a man in the room.

場所論者が言うように，in the room と同様に，前置詞句 in good health や形容詞(句) healthy が〈場所〉表現であり，その主語が〈存在者〉(主題)であるとするならば，(50)のような there 存在文が成立するはずである.

(50) a. ??There is a man in good health.
b. ??There is a man healthy.

しかし，予想に反して，(50a, b) は文法性が下がっている．(50a, b) は完全に非文法的とは言えないにしても，(49)とのあいだにははっきりとした容認性の差がある．(ただし，(50a) で a man in good health 全体が1つの名詞句をなし，「体調のよい人が(どこかの場所に)いる」という解釈が与えられる場合は除くことにする．また，There is a man available. や (??) There is a man sick. などの文の容認性については，Kaga (1998) および本論第2章の議論を参照されたい．) なぜ，(50a, b) は文法性が下がるのであろうか．

場所論者の見解によると，in the room と in good health および healthy の違いは，前者が具体的な〈場所〉を表すのに対して，後者は抽象的な〈場所〉を示すという点であった．(50a, b) がよくないのは，抽象的な場所の表現は there 存在文にそぐわないという制限が存在するためであると考えられるかもしれない．しかし，次のような there 構文は容認可能である．

(51) a. There is a great deal of merit in his theory.
b. There is not much substance to his claim. （中右 1990）
(52) a. There are some scorpions belonging to Simon.

b.　There are counterexamples known to me.
$$\text{(Diesing 1992)}$$

　(51a, b) の〈場所〉の前置詞句には his theory と his claim という名詞句が現れている．ともに抽象名詞であることは間違いないが，両文とも文法的である．(52a, b) の〈場所〉の前置詞句には人が現れていて，これ自体が抽象的であるとは言えないけれども，(52a) における所有関係と (52b) における知的な帰属関係は，ともに抽象的な関係である．しかし，(52a, b) は文法的な there 構文である．there 構文に抽象的な表現が生起することに問題がないとすると，(50a, b) の there 構文は，なぜよくないのであろうか．前置詞句 in good health や形容詞(句) healthy などが〈場所〉の前置詞句の拡張表現であり，その意味上の主語が〈存在者〉(主題) であるとする場所論者たちの主張を受け入れた場合，(50a, b) の容認性の低さは，意外に説明がむずかしい問題になるように思われる．
　次に，in a state of ～ という前置詞表現について考えてみよう．この前置詞句は，ものの状態やあり様を述べるときにたいへん便利な表現として使うことができ，たとえば (53a-c) のような例がある．(53a) は (48b) とほぼ同じ意味である．

　(53)　a.　John is in a good state of health.
　　　　b.　The nation is in a state of war.
　　　　c.　These buildings are in a bad state of repair.

場所論者の主張にしたがえば，in a state of ～ は〈場所〉を表し，主語は〈主題〉を表すことになる．では，次のような例ではどうであろうか．

　(54)　a.　John is in a state of unconsciousness.
　　　　b.　John is in an excited state.
　　　　c.　John is in a state of rage.

(53) と (54) の違いは，前者が「身体的」ないし「物理的」状態を記述しているのに対して，後者ではジョンの「心理的」状態に焦点があてられ

ているところにある．ただし，(53)と(54)の表現形式の平行性から，場所理論では当然，(54)においても主語が〈主題〉で，述部の前置詞句が〈場所〉であると分析されることになろう．しかし，ここで問題となるのは，(54)の主語，すなわち一定の「心理的」状態にあるジョンは，通例，〈経験者〉(Experiencer)の役割をもつと分析される要素である，という点である．

　下の(55)の各文においてJohnは，一定の感情や知覚を「経験」する主体であるという意味で，〈経験者〉とみなすのが自然である．

(55)　a.　John felt excited at the sight.
　　　b.　It seems strange to John.
　　　c.　John saw the flying saucer.

そして，これらの〈経験者〉は，理論的な観点から通例，感情が宿る抽象的な〈場所〉，ないし，刺激としての感覚を受け入れる抽象的な〈着点〉であるという分析を受ける．(55b)でJohnが前置詞toを伴っているのが，そのよい証拠である．しかしここで，あきらかな矛盾が生じていることに気がつく．(54a-c)のin前置詞句が，場所理論の発想にしたがって〈場所〉を表すと考えると，主語の「経験者」Johnは〈主題〉であると分析されることになる．一方，(55a-c)に現れている「経験者」Johnは，伝統的な場所論者が実際にそうしてきたように，〈所有者〉と平行した抽象的な〈場所〉としての分析を受ける．〈主題〉と〈場所〉は対をなす概念であるが，「経験者」をそのどちらに含めるべきなのかがわからなくなってしまう．

　(54)のJohnと(55)のJohnを，別ものと考えることはできるであろうか．つまり，(54)のJohnは〈主題〉であるのに対して，(55)のJohnは〈場所〉であるとする分析である．文の表面的な形式(とくに前置詞の形式)を重視する立場からいえば，そのように分析するのが場所理論の発想にもっとも合致していることにはなるが，それを支持する理論的ないし経験的な証拠は，あるのであろうか．英語で書かれたある文法書では，〈経験者〉が次のように定義されている．

(56) Experiencer is a person in a certain mental state.

もしこの定義が〈経験者〉一般に対して有効であるとすると,(54)のJohnと(55)のJohnを分ける概念的区別は,とくに存在しないことになると思われる.ただし,1.1節でみたように,Gruberは次のような所有関係を表す文において,現実世界における常識的なジョンとお金の関係は,つねに〈所有者〉と〈所有物〉であるにもかかわらず,ジョンを(57a)では〈場所〉ないし〈着点〉と解釈し,(57b)では〈主題〉と解釈するという分析を採用している.

(57) a. The money belongs to John.
b. John is in the money. (= (20a))

つまり,「所有者」が,ある場合には〈場所〉の役割を,またある場合には〈主題〉の役割をもつ可能性を認めているわけで,「経験者」に関してもそのような可能性を認めることを,一概に否定することはできない.

しかしながら,Gruberの〈所有者〉の分析においても,上でみた〈経験者〉の分析においても,〈主題〉と〈場所〉の両方の可能性を認めるというのは,今のところ,そう考えたほうが場所理論の理論的要請に合うというだけの話のように思われる.大事なのは,それを積極的に裏づける経験的な証拠があるのかどうかを,明らかにすることである.もし,そのような積極的な証拠がみつからないのならば,〈所有者〉や〈経験者〉という1つの概念に,〈主題〉と〈場所〉という2つの異なる役割を割り当てていることになり,これは逆に,理論的に好ましくない複雑さを導入していることになると考えられる.

本節では,場所理論の考え方を再検討するという目的で,(i)状態(変化)文がどういう意味で「抽象的」であると言えるのか,(ii) in〜などの前置詞句がつねに〈場所〉を表すという主張に問題はないのか,という2点を中心に考察した.本節の限られた考察からだけでは,場所理論に関してそれほど断定的な結論を引き出すことはできないけれども,(i)については,「抽象的」であるとする根拠が,従来から信じられてきたほどには確固たるものではないこと,(ii)については,前置詞がつねに〈場所〉を

表すと仮定すると，there 構文における分布や〈経験者〉の特徴づけに関して，問題が生ずる可能性があることをみた．第 2 章では，場所理論の考え方にも問題点があるという本節での観察をうけて，その考え方を部分的に修正したうえで，新たな意味役割の理論を提案する．

第2章　意味役割と統語構造

2.1　状態(変化)文の分析

　前章で，場所理論の考え方にはかならずしも十全でない点があることを示唆した．本節では，その点を修正して，代案となる意味役割の理論を提示してみたい．

　まず，下の(1)にあげた状態文について考えてみよう．従来の場所理論の考え方では，(1a)の存在文，(1b)の所有文，(1c)の叙述文のいずれにおいても，主語が〈主題〉で，述部が〈場所〉であると分析されてきた．

(1)　a.　John is in the room.
　　　b.　The book belongs to John.
　　　c.　John is healthy.

(1a)の in the room が〈場所〉を表しており，John がその場所を占める存在者という意味で〈主題〉であることは，動かしようがない．また，(1b)の文が記述している抽象的な所有の関係において，to John が〈場所〉の働きをし，the book が〈主題〉の役割をもつという点もよいであろう．しかし，(1c)の叙述文に関しては，従来の分析とは正反対の次のような考え方をとりたい．(1c)においては，主語の John が〈場所〉である．そして，その John のもつ特性ないし属性を表しているという意味で，述部の healthy が〈主題〉である．

　この分析をとると，すぐにその利点として得られることに，there 存在

文への生起可能性が説明できるようになるということがある．「存在文」という名前からもわかるように，there 構文の意味上の主語は「存在者」，すなわち〈主題〉である必要がある．前章でみたように，〈主題〉要素が主語の位置に現れている there 構文は，文法的である．

(2) a. There is a man in the room.　(= 第 1 章 (49))
　　 b. There are some scorpions belonging to Simon.　(= 第 1 章 (52a))

一方，(1c) に対応する there 構文は，これも前章でみたように，容認性が下がる．この事実は，ここで提案したように，属性を表す述語の healthy が〈主題〉の役割をもち，その属性の存在場所としての主語が〈場所〉と分析されると考えれば，簡単に説明できることになる．この場合，意味上の主語が〈主題〉であるという，there 存在文の成立要件が満たされないことになるからである．

(3) ??There is a man healthy.　(= 第 1 章 (50b))

従来の場所理論では，(3) の a man も〈主題〉であると考えられていたために，(2a, b) とは異なり，この there 構文の容認性が下がるのはなぜかが説明のむずかしい問題となった．一方，新しい考え方のもとでは，この容認性の低下はまさに予測されるところである．

　従来の場所理論に関して前章で指摘した抽象性の問題については，次のように考えることができる．ここでは，直接的に知覚できる（とりわけ，目にみえる）ものや状況が「具象的」であり，直接的な知覚を許さないものや状況が「抽象的」であるという，従来からの考え方をとることにしよう．そうすると，(1a) の存在文の〈主題〉(John) と〈場所〉(the room) はともに具象物であり，その関係ももちろん具象的である．(1b) の所有文では，〈主題〉(the book) と〈場所〉(John) は具象物であるが，所有関係は目でみることができないため，抽象的である．(1c) の叙述文は，従来の場所理論では一様に「抽象的」と特徴づけられたが，ここでの新しい考え方では，まず〈場所〉としての John は具象物である．属性を表す

〈主題〉の healthy は，もしそれが外から観察可能な特性であるとすれば，具象的であり，もし観察不可能な特性であるとすれば，抽象的であるということになる．healthy はどちらであるかの判断が微妙な場合であるが，前章でふれた nude と a Republican であれば，その判断はあきらかである．前者は，知覚の対象となる具象的属性であり，後者は，原理的には目でみることのできない抽象的属性である．

(4) a. Bill was nude. （= 第1章 (45a)）
b. Bill is a Republican.

このように考えれば,「具象」と「抽象」の区別を行なうときに，知覚可能性の基準にのみ頼ることができ，前章で指摘したような問題は生じないことになる．

場所理論において「移動」を含むと分析されてきた，(5) のような事例をみてみよう．(5a) の位置変化文と (5b) の所有変化文については，従来の場所理論の分析をここでも受け継ぐことになる．(5a) では，〈主題〉であるボールが〈場所，着点〉であるフィールドに物理的に移動する出来事が描かれ，(5b) では，〈主題〉としての本の所有権が〈場所，着点〉としてのサムに移行することが述べられている（〈動作主〉である主語のビルの役割については，ここではふれないことにする）．

(5) a. Bill threw the ball into the field. （= 第1章 (21)）
b. Bill gave Sam a book. （= 第1章 (22)）
c. Bill broke the bowl into pieces. （= 第1章 (23)）

(5c) の状態変化文の分析は，従来の場所理論の分析とは大きく違ったものになる．ここでの新しい見方では，目的語のボウルが〈場所〉であり，前置詞句表現が〈主題〉の役割をもつと考えることになる．つまり,「ボウルが粉々になる」という状態変化は，前置詞句が表す「粉々」という特性がボウルに新たに加わる過程であるという見方である．

上で述べたように，われわれは (6) のような状態叙述文を，従来の場所理論とは異なり，ボウルという〈場所〉に「粉々」という特性が〈主

題〉として「存在」している文であると分析する.

（6） The bowl was in pieces.

　(5c)の状態変化文は，基本的に(6)の状態文と同じ意味役割のパターンを有しており，そこに「運動」が加わっている文とみることができる．従来の場所理論が，(5c)の状態変化をボウルの粉々の状態への「移動」とみて，〈被動作主〉のボウルを〈主題〉と分析していたのに対して，われわれの見方では，粉々という特性がボウルの所に「移動」する，あるいは，「発生」する過程であるととらえることになる．したがって，〈被動作主〉は〈主題〉ではなく，〈場所〉とみなされる．

　本節では，叙述形容詞ないし叙述前置詞句が〈主題〉の意味役割を担うという見方を提案した．しかし，厳密に言うと，すべての叙述形容詞ないし叙述前置詞句が〈主題〉の役割をもつわけではない．すでに Kaga (1998)で述べたように，形容詞や前置詞句のタイプによっては，〈場所〉の役割をもつと分析されるものもある．Kaga (1998)によりながら，簡単に形容詞と前置詞句の分類についてみることにしよう．

　述語の分類に関しては，Carlson (1980)による，個体レベル (individual-level) 述語と場面レベル (stage-level) 述語の区別が有名であるが，Kaga (1998)は場面レベル述語をさらに2つに分けて，次のような述語の3分類を提案した．

① 特徴記述 (character-describing) 述語: 人やものの内在的特徴を記述する形容詞ないし前置詞句．Carlsonの個体レベル述語に相当する．例として，intelligent, tall, of importance, of considerable talent など．

② 状態記述 (state-describing) 述語: 人やものの一時的状態を記述する形容詞ないし前置詞句．例として，hungry, raw, in high spirits, in a rage など．

③ 状況記述 (situation-describing) 述語: 人やものを一定の状況に位置づける働きをもつ形容詞ないし前置詞句．例として，available, present, in the room, on the table など．

本節で提案された新しい意味役割の考え方のもとでは，(7)の特徴記述述語と(8)の状態記述述語は，ともに人やものに帰属すべき一定の特性を表しており，〈主題〉の役割をもつと分析される．両者の違いは，特徴記述述語が表す特性が，安定的，永続的であるのに対して，状態記述述語が表す特性は，一時的であるという点に求められる．

(7) a. John is intelligent.
    b. Mary is of considerable talent.
(8) a. John is hungry.
    b. Mary is in high spirits.

上の2つの述語タイプが，人やものの性質およびあり様を記述するのに対して，状況記述述語は，人やものが世界にどのように位置づけられるかを述べる機能をもっている．(9a)では，(何人かの)消防士が手近な所にいる(したがって，出動可能である)ことが，(9b)では，多くの本がテーブルの上にあることが述べられている．

(9) a. Some firemen are available.
    b. Many books are on the table.

このような機能をもつ状況記述述語は，当然のことながら，〈場所〉の意味役割をもつと分析される．

われわれの分析では，結局，分類した3つの述語のうち状況記述述語だけが〈場所〉の役割をもつことになるが，この分析の妥当性はthere存在文を用いて確認することができる．すでに上で述べたように，there存在文の意味上の主語は，「存在者」すなわち〈主題〉要素でなければならない．それ自身が〈場所〉の役割をもち，主語に〈主題〉要素をとる状況記述述語は，この要件を満たすことができ，したがって，there構文に生起することが予測される．たしかに，状況記述述語を含む(10c)のthere構文は文法的である．

(10) a. *There is a man {intelligent / of considerable talent}.
     b.??There is a kid {hungry / in high spirits}.

　　　　c. There is a fireman {available / in the room}.

一方，特徴記述述語と状態記述述語は，(10a, b)でみるように，there 構文では許容されない(ただし，(10a, b)で前置詞句が先行する名詞句と構成素をなす，いわゆる縮約関係節(reduced relative)の解釈は除く)．これは，それ自身が〈主題〉の役割をもち，主語が〈場所〉要素となる特徴記述述語と状態記述述語では，上述のthere 構文の成立要件を満たすことができないためであると考えられる．

　there 構文と裏返しの関係にあるのが，have 所有文である．have 所有文では，〈場所〉要素が主語の位置に生じ，〈主題〉要素が目的語の位置に現れることになる．目的語の位置には名詞要素が求められるので，それぞれの述語の名詞化形を用いて調べてみると，次のような分布になる．

　　(11)　a.　John has (much) intelligence.
　　　　b.　The kid has (a) hunger.
　　　　c.　*The firemen have availability.

(11)の文法性のパターンは，(10)の文法性の裏返しになっている．この事実は，3つの述語タイプに対するわれわれの意味役割の分析が，妥当であることを裏づける(直接的とは言えないにしても)証拠であると考えることができる．

　(11)の文法性が(10)の裏返しになっていると述べたが，厳密に言うと，完全にはそうなっていない．(11)の have 所有文では，(a, b)の文が同等に文法的であるのに対して，(10)の there 構文の(a)文と(b)文は，容認性の下がり方に違いがある．特徴記述述語を含む(10a)のほうが，状態記述述語を含む(10b)よりも悪いと判断される．われわれの意味役割理論のもとでは，その2つの述語タイプは，少なくとも意味役割の観点からは同等に扱われるはずであるが，この容認性の違いはどこから出てくるのであろうか．また，従来の文献(たとえばMilsark (1974) やDiesing (1992) など)には，場面レベル形容詞である sick や drunk などは there 構文に生ずることができる，という判断を示しているものが多い．

(12) a. There were several people sick.　　　(Milsark 1974)
　　　b. There are people drunk.　　　(Diesing 1992)

　われわれの分析では，sick や drunk は状態記述述語に分類され，基本的に there 構文には生じないことが予測されるが，(12) の文法性判断はどのように考えたらよいのであろうか．この問題は，本節で提示された述語3分類の妥当性，とりわけ，状態記述述語と状況記述述語を分ける意義が本当にあるのかどうかを判断するうえで，たいへん重要である．次の議論に進む前に，there 構文における状態記述述語の容認性判断について考えてみることにしよう．

　本節で提示したような述語の3分類を行なったさいの利点の1つに，「描写の二次叙述」(secondary depictive predication) として現れることができる述語のクラスを，特定できるようになるということがある．すなわち，(13)にみるように，描写述語になりうるのは状態記述述語だけである．

(13) a. *John$_i$ left the hospital {intelligent$_i$ / of considerable talent$_i$}.
　　　b. 　John$_i$ left the hospital {hungry$_i$ / in good health$_i$}.
　　　c. *John$_i$ left the hospital {available$_i$ / in the bed$_i$}.

(13a)の特徴記述述語が描写述語になれないのは，安定的あるいは永続的な性質を表すというアスペクト特性によると考えられる．一方，(13c)の状況記述述語が描写の機能をもてないのは，描写述語になれるのは個体レベル述語ではなく場面レベル述語であるという，従来の一般化(Rothstein (1983)，McNulty (1988) など参照)からすると意外な印象を受けるが，その主たる機能が「状況」の記述にあり，人やものの(一時的)特性の記述にないことを考慮すれば，むしろ当然である．

　このように，述語の3分類のもとでは，状態記述述語だけが描写述語になれるという一般化が可能になるが，この一般化をふまえて，状態記述述語を含む there 構文の文法性判断について考えてみよう．まず，(14)のような there 構文は完全に文法的である．

(14) a. There is a boy sick in (the) bed.
　　 b. There is a man drunk over there.

　これらの文では，a boy と a man が〈主題〉で，in (the) bed と over there が〈場所〉の役割を果たしていると分析できる．there 存在文は，「場所」とその場所を占める「存在者」によって認可 (license) されるという考え方をとると，(14a, b) はそれぞれの〈場所〉要素と〈主題〉要素によって認可されているために，容認される文になっていると考えられる．これらの文で，形容詞の sick と drunk はどういう働きをしているかという点を考えると，それらは二次的な描写述語として働いているように思われる．つまり，それらの形容詞は，「存在者」がその「場所」にどういう状態で存在しているかを記述している．

　二次的な描写述語としての sick と drunk は，(14a, b) の there 構文にとって必須の要素ではない．これらの形容詞が省略されたとしても，〈場所〉要素と〈主題〉要素がそろっているために，その there 構文は完全に文法的である．すなわち，sick と drunk は (14a, b) の there 構文の認可に，直接はかかわってはいない．これに対して，(14a, b) から〈場所〉要素の in (the) bed と over there が省略された文はどうであろうか．

(15) a. (??) There is a boy sick.
　　 b. (??) There is a man drunk.

(15a, b) に対する母語話者の反応は，大きく 2 通りに分けられる．(15a, b) は文法的とは言えず，文法的な文にするためには何らかの場所表現が必要であると答える話者と，一定の場所が了解されていると考えて文法的であると判断する話者である．このように反応は 2 通りであるが，しかし，いずれの話者も文法的な there 構文としては，(14a, b) のような〈場所〉表現を含んだ文を念頭に置いているという点では，共通である．両者の違いは，there 構文を認可するための〈場所〉要素が，実際に音形を伴って表面に現れていることが必要であると判断するか，表面に現れていない了解ずみの〈場所〉要素であっても，there 構文を認可できると判断するかの違いである．すなわち，暗黙の〈場所〉を there 構文の認可要素

として読み込めるか読み込めないかの違いである．

　もし暗黙の〈場所〉が問題なく読み込めるとすれば，Milsark (1974) や Diesing (1992) が (12a, b) を文法的と判断したように，(15a, b) の there 構文は容認されることになる．一方，〈場所〉の読み込みがむずかしいと感ずる話者にとっては，(15a, b) は容認性が下がるという結果になる．(10b) に示した there 構文の判断は，したがって，読み込みを簡単には許さない話者の判断であることになる．ただし，(10b) および (15a, b) をよくないとみなす話者でも，intelligent や of considerable talent などの特徴記述述語を含む there 構文(たとえば (10a))と比べたときには，それほどには悪くないという判断をする．特徴記述述語を含む there 構文が完全に非文法的であると判断されるのは，特徴記述述語が二次的な描写述語になれないことに関係していると考えられる．つまり，(16) のような文がそもそも許されないために(ここでも縮約関係節の解釈の可能性は除くことにする)，over there のような要素を暗黙の〈場所〉として読み込める話者かそうでない話者かにかかわらず，(10a) のような there 構文は非文法的であると判断される．

　(16) *There is a man {intelligent / of considerable talent} over there.

　これに対して，(10b) および (15a, b) の状態記述述語を含む there 構文の場合には，それをよくないと判断する話者にとっての障害は，本来存在すべき認可要素としての〈場所〉表現が，表面に現れていないことである．ただし，暗黙の読み込みを簡単には許容しない話者であっても，〈場所〉の情報を場面や文脈から十分に読み取ることができるような適切なコンテクストを与えてやれば，容認性の判断は上がってくる．このことからもわかるように，認可要素としての〈場所〉表現が明示されないことで引き起こされる容認性の低下は，それほど深刻なものではない．したがって，(10b) や (15a, b) の状態記述述語を含む there 構文は容認性が下がると考える話者であっても，特徴記述述語を含む there 構文ほどには悪くないという判断を下すことになる．

　このように，状態記述述語だけを述語として含んでいる (15a, b) のよ

うな there 構文については，暗黙の〈場所〉要素の読み込みを容易に許容する話者かそうでない話者かにより，文法性判断に揺れが観察される．これは，状態記述述語自体は存在の there 構文を認可できる要素ではないため，暗黙の〈場所〉要素の存在が了解されているかどうかという，談話文脈的な要因が文法性判断にかかわってくるからであると考えられる．一方，状況記述述語を述部とする (10c) のような there 構文では，そのような文法性判断の揺れはまったく観察されない．これは，状況記述述語自体が，〈場所〉要素として there 構文を認可する機能をもっているからであると考えられる．以上の議論が正しいとすると，状態記述述語を含む there 構文と状況記述述語を含む there 構文の両方を文法的であると判断する母語話者が実際に存在するとしても，状態記述述語は，〈場所〉の意味役割をもつ状況記述述語とは異なり，〈主題〉の意味役割をもつとするわれわれの主張は，十分に有効であると思われる．

　われわれの分析では，特徴記述述語と状態記述述語は，ともに〈主題〉の意味役割をもつことになる．たとえば，次の文の述語 tall と healthy は，それぞれ1つの特性を表しており，それが主語の John によって所有されているとみるわけである．

　　(17)　a.　John is tall.
　　　　　b.　John is healthy.

従来の場所理論では逆に，これらの述語は抽象的な「場所」を表すと考えられてきた．その1つの大きな根拠は，とくに状態記述形容詞の場合に，「場所」の前置詞句を用いた書き換えが可能であるという観察であった．

　　(18)　John is in good health.

たしかに，(18) の述部は「場所」であるかのように見える．しかし，われわれの分析では，この前置詞句も healthy という形容詞と同様に，〈主題〉として「健康」という特性を表しているとみなされることになる．

　in good health があきらかに「場所」としての表現形態を保持しているにもかかわらず，それを〈主題〉と分析するのは不自然ではないか，とい

第 2 章　意味役割と統語構造　123

う反論があるかもしれない．これは，従来の場所理論の主張を一部修正し，本節で提示したような意味役割の分析をとろうとするならば，考えておく必要のある問題であろう．ここでは，紙幅の制限もあり，十分に議論を尽くすことはむずかしいけれども，われわれの分析のもとでそのような反論にどのように答えることが可能であるかを考察してみよう．

　その反論に答えるための 1 つの考え方は，in good health のような前置詞句は，「比喩表現」(metaphorical expression) であるとみなすことであろう．たとえば次の (19) はごく簡単な比喩の例と考えられるが，もしこれが比喩表現であるとすると，ジョンが本当に豚であると言われているわけではない．この文は，ジョンがその一面として豚に特徴的なある性質をもつということ (たとえばジョンが大食いであること) を，印象的，効果的に表そうとしていると解釈される．

　(19)　John is a pig.

このように「比喩」は，本来そうでないものをそうであるかのように表現する，1 つの技法である．この比喩の観点から，(18) の文をもう一度考えてみよう．この文が表すのは，「健康」という特性がジョンという〈場所〉に(一時的に)存在するという状況である，とわれわれは分析する．しかし，それをそのように直截的に表現するのではなく，「健康」を一定の領域であるかのようにとらえて，ジョンがその領域に「ある」かのように表現したのが (18) であると考えられる．

　最近の認知言語学的研究のなかで，この「比喩」に注目し，掘り下げた議論を行なっている学者に Lakoff がいる．彼は，われわれ人間の事象認識には，たとえば次のような比喩が含まれると述べている (Lakoff 1993, 220)．

　(20)　States are locations (bounded regions in space).

すなわち，「状態」というのは，「場所」という具体物をとおして比喩的に理解される概念である，という考え方である．たしかに，これ自体は十分に納得できる考え方である．ただし，このような「比喩」に基づいた概念

規定を行なうときに，Lakoff およびその同調者は，次のような論理を仮定しているようにみえる．「状態」は，比喩的に「場所」ととらえることができる．したがって，「状態」は本来的に（意味役割の観点からも）「場所」である，という見方である．これは結局，場所理論の発想と軌を一にする考え方である．（たとえば，構文文法の枠組みで比喩的拡張という考え方を重要な概念として用いている Goldberg (1995) などを参照．また，比喩については，本シリーズの第 20 巻『認知意味論の新展開: メタファーとメトニミー』を参照．）

しかし，われわれがここで，in good health という前置詞句が「比喩」表現であると主張するときに意図しているのは，そういう意味においてはない．ここで意図されているのは，本来「場所」ではないものが「場所」であるかのようなとらえ方をされ，その結果「場所」であるかのような表現が与えられるという意味での「比喩」である．比喩表現である限りは，「場所」の表現が本当に「場所」を表している必要はない．むしろ，(19)のジョンが文字どおりの「豚」ではないのと平行的に，「場所」の表現が「場所」ではないものを表すときに「比喩」という用語をあてるのが，その本来的な用法であると考えられる．

次の 2 つの文を考えてみよう．

(21) a. His wife brought twin girls into the world.
b. His wife gave birth to twin girls.

これらの文は，ともに「彼の妻が双子を生んだ」という出来事を記述している．しかし，その表現形式に注目すると，(21a)では twin girls が動詞 bring の目的語に据えられ，「主題」要素としての扱いを受けているのに対して，twin girls が to 前置詞句内に生じている (21b) では，「着点」要素ととらえられているようにみえる．現実世界の出産が，母親の胎内から赤ん坊が生まれ出る過程であることをふまえると，ここでの見方では，(21a)のほうがより現実に即した表現であり，一方の (21b) は比喩的な表現であることになる．すなわち，出産という出来事を「赤ん坊に生命を与える」過程のようなものとしてとらえ直し，それに即した表現形式を与

えたのが (21b) であると考えられる.

　(21a, b) の文は，意味役割の観点からはどのように特徴づけるべきであろうか．従来の場所理論，あるいは Lakoff などの考え方によれば，それぞれの表現形式に即して，(21a) の twin girls は〈主題〉要素として，(21b) の twin girls は〈着点〉要素として分析されることになろう．一方，本節で提示された分析では，(21a, b) の twin girls は，ともに〈主題〉の役割をもつと特徴づけられる．たしかに，認識のあるレベルにおいて，出産が「赤ん坊に生命を与える」過程としてとらえられることはあるはずである．そして，その場合に (21b) の表現形式が用いられるということには問題がない．しかし，(21a, b) が「双子の出産」という1つの同じ出来事を記述している（という認識を英語話者がもてる）という事実は，(21a, b) に共通した事象把握が行なわれる，より根源的な認識のレベルが存在することを物語っている．現実に近い「赤ん坊が胎内から生まれ出る」というとらえ方が，より根源的な認識の仕方であるとすると，それをほぼ直截的に表現したのが (21a) であり，一方，それを「赤ん坊に命を与える」過程であるかのようにとらえ直し，twin girls が〈着点〉であるかのような表現の仕方をしたのが (21b) である．

　われわれの分析のポイントは，意味役割は「根源的な認識のレベル」における事象把握を反映した形で決定されるべきであり，その根源的な事象把握をとらえ直すことによって得られる，いわゆる比喩表現に対応するものとして決定されるべきではない，というところにある．この考え方によれば，(21a, b) の twin girls はその表現形式にかかわらず，どちらも〈主題〉の意味役割をもつと分析されることになる．(21a, b) のように，1つの同じ出来事に2つ(以上)の異なる言語表現が対応する事例は，ほかにも少なからず存在する．たとえば (22), (23) などであるが，(22a, b) と (23a, b) は，それぞれ異なる事象認識に根ざす異なる言語表現が，たまたま似通った現実に対応しているというのではなく，「結論を得た」,「新しい考えが生まれる」という1つの現実を，2つの異なる観点からとらえて表現したものと考えるべきである．われわれが仮定する意味役割理論から言えば，いずれも (b) 文のほうが比喩的な表現であることになる．

(22) a. They drew the conclusion.
　　 b. They arrived at the conclusion.
(23) a. Stimulation will yield new ideas.
　　 b. Stimulation will give rise to new ideas.

　もう一度 (18) の例 ((24b) として再掲) に戻って考えると，「ジョンが健康である」という状況を表す文として，英語には (24a) のような表現もある．

(24) a. John has good health.
　　 b. John is in good health.

われわれの分析では，「ジョンが健康である」という状況は，根源的な認識レベルにおいて「ジョン」に「健康」という特性があるという事象として，把握されると考える．(24a) は，この把握の仕方に即した言語表現になっている．一方，「健康」を1つの領域であるかのようにとらえて，それに即した比喩的な言語表現を与えているのが (24b) である．意味役割の観点から言えば，「健康」は根源的な認識レベルにおいて特性と把握されているので，たとえ場所の前置詞句という表現形式が与えられようとも，〈主題〉の役割を変わらずにもつことになる．

　このように，in good health のような前置詞句が比喩表現であるという分析をとると，その場所的な表現形式にもかかわらず，それが〈主題〉の意味役割をもつと主張することはそれほど不自然なことではないと考えられる．

2.2　動詞句シェル構造と意味役割

　前節では，述語を特徴記述述語，状態記述述語，状況記述述語の3つに分類したうえで，特徴記述述語と状態記述述語は〈主題〉の意味役割を担うという，従来の場所理論とは正反対の分析を提示した．本節では，この新しい考え方を取り入れた意味役割理論を提示する．

　結論から先に述べると，ここでは次のような動詞句構造に基づいた意味役割の階層と割り振りを仮定したい．

(25)

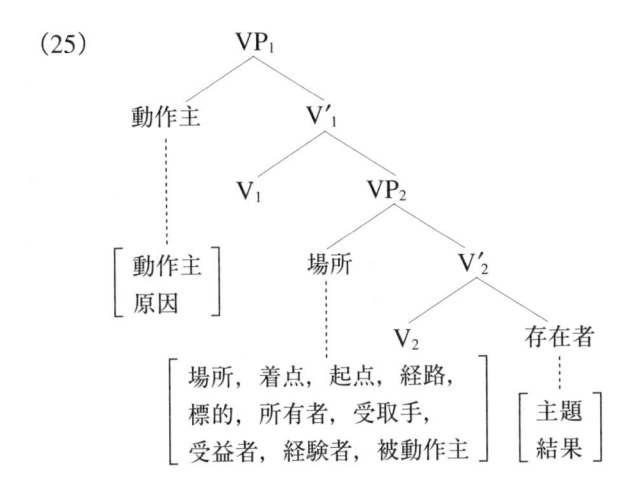

```
              VP₁
             /    \
          動作主    V'₁
                  /   \
                V₁    VP₂
                     /   \
                   場所   V'₂
                         /  \
                        V₂  存在者
```

⎡動作主⎤
⎣原因 ⎦

⎡場所, 着点, 起点, 経路,⎤
⎢標的, 所有者, 受取手, ⎥
⎣受益者, 経験者, 被動作主⎦

⎡主題⎤
⎣結果⎦

　ここで仮定されている動詞句の構造は，Larson (1988) で提案され，最近のミニマリスト・プログラムの枠組みで標準的に採用されている，動詞句シェル（VP shell）の構造である．動詞句は V_1 と V_2 という 2 つの動詞主要部（verbal head）を含み，V_2 の投射句が V_1 の補部になっている．下位動詞 V_2 は，派生の一定の段階において上位動詞 V_1 の位置に移動（Move）すると仮定される．（いかなる種類の移動かという理論的な問題は，ここでは論じないことにする．また，V_1 を v で置き換えるという Chomsky (1995) の提案は，後に（第 3 章 3.1 節で）述べる理由によりとらない．）

　この動詞句シェルの 2 層構造を仮定すると，文法項が生起すべき位置が 3 つ確保される．その 3 つの位置に，《動作主》《場所》《存在者》という意味役割を担う要素が，それぞれ生起すると考える．ここでは，Baker (1988) で提出された「主題役付与一様性の仮説」（uniformity of theta assignment hypothesis）が，重要な原則として仮定されていることに注意されたい（関係文法における Perlmutter and Postal (1984) の「普遍的配列仮説」（universal alignment hypothesis）も参照）．この仮説は概略，同じ意味役割をもつ要素は同じ統語的位置に生成される，というほどの内容であるが，この仮説にしたがって，次のような意味役割と統語的生成位置

の厳密な対応関係が仮定されることになる．

(26) a. 《動作主》 ── VP_1 の指定部の位置
b. 《場所》 ── VP_2 の指定部の位置
c. 《存在者》 ── VP_2 の補部の位置

《動作主》(Agent)，《場所》(Location)，《存在者》(Locatum) の3つは，マクロな意味役割と呼ぶべき要素である．従来の意味役割に関する理論では，数個から10個を超えるぐらいのさまざまな意味(あるいは，主題)役割が仮定されることが多かったが，ここではそれらの意味役割は，文法項に関する限り，上記3つのマクロな意味役割のどれかに分類されるという立場をとる．そして，それらのさまざまな(いわば，ミクロな)意味役割の上位概念としてのマクロな意味役割だけが，統語的な位置と直接的に結びつけられるという意味で，統語論とのインターフェイスに関与できる意味役割であると考える．(マクロな意味役割とミクロな意味役割を区別するために，前者を《 》で，後者を〈 〉で表記することにする.)

具体的に述べると，まず，マクロな意味役割の《動作主》には，ミクロな〈動作主〉のほかに〈原因〉(Cause) が含まれると考えられる．(しかし本論では，第3章第2節における二重目的語構文の一部の議論を除くと，紙幅の制限のため，〈原因〉に関連する現象を取り上げることができない．無生物主語の構文など〈原因〉に関連する議論は，機会をあらためて行なうことにしたい.)

次に，マクロな意味役割としての《場所》には，ミクロな意味役割として，物理的な〈場所〉〈着点〉〈起点〉〈経路〉(Path)〈標的〉(Target) や，抽象的な〈所有者〉〈受取手〉〈受益者〉〈経験者〉などのほかに，〈被動作主〉が含まれる．最後の〈被動作主〉は，たとえば次の (27a, b) の文の目的語のように，外側から一定の衝撃や影響を受けることにより状態変化を起こす(可能性をもつ)要素であるが，前節でみたように，われわれの分析では《場所》と特徴づけられる．つまり，〈被動作主〉は，衝撃や影響を「受ける」主体であるとともに，〈主題〉としての特性を「得る(あるいは，失う)」主体である．

(27) a. Bill broke the bowl into pieces. (= 5c)
　　 b. John kicked the wall (down).

　マクロな意味役割としての《存在者》は，マクロな《場所》に存在する要素という意味合いをもつ．この《存在者》には，ミクロな意味役割としてまず〈主題〉が含まれる．〈主題〉は通例，物理的ないし抽象的な〈場所〉に存在するものおよび移動するものと定義されるが，われわれの分析では，それに加えて，(28a, b) の述部および (27) の into pieces や down などが表す特性も〈主題〉とみなされる．

(28) a. Mary is talented / of considerable talent.
　　 b. John is healthy / in good health.

　また，一般的に〈結果(物)〉(Result(ant)) と呼ばれる (29a-c) の創造動詞の目的語なども，《存在者》の範疇に含まれる要素であるとみることができる．ものの創造とは，実はそのものに対して〈場所〉を確保してやることにより，《存在者》たらしめる行為であると考えられるからである．(29a) の in the city や (29b) の into the wall は，その〈場所〉が具体的に明示されている例である．(29c) では具体的な〈場所〉が明示されていないけれども，この世界のどこかに存在することになることには変わりない．

(29) a. He founded a new school in the city.
　　 b. The millionaire built a safe into the wall.
　　 c. The Japanese make sake (from rice).

　次の (30) の文に含まれる形容詞(句)や，上の (27) の into pieces / down などは，通例，〈結果〉の意味役割をもつと言われる．

(30) a. John painted the wall red.
　　 b. Mary watered the flowers flat.

　われわれの分析では，これらの述部は，(《場所》要素が)結果的にもつことになる特性を表しているという意味で，〈結果〉でもあり〈主題〉でも

あるが，いずれにしても，マクロな意味役割の《存在者》に含まれるべき要素であることは確かである．

まとめとして，《場所》と《存在者》にそれぞれ含まれるミクロな意味役割の具体例を1つずつあげることにしよう．なお，(31a, b, c, e, h, j) と (32a-c) の主語は〈動作主〉，(31i) の主語は〈原因〉の例である．

(31) a. Bob put a book *on the table*. 〈場所〉
　　 b. John threw the ball *to the wall*. 〈着点〉
　　 c. He stole industrial secrets *from a competitor*. 〈起点〉
　　 d. The train passed *through the tunnel*. 〈経路〉
　　 e. John shot *at the bird*. 〈標的〉
　　 f. *Beth* owns the doll. 〈所有者〉
　　 g. *Max* received the letter. 〈受取手〉
　　 h. Mary baked *John* a cake. 〈受益者〉
　　 i. The sound of the bell frightened *John*. 〈経験者〉
　　 j. John opened *the door*. 〈被動作主〉
(32) a. John threw *the parcel* to me. 〈主題〉
　　 b. He wrote *a boring paper*. 〈結果〉
　　 c. Jack hammered the metal *flat*. 〈結果ないし主題〉

2.3　意味役割の階層と表面語順

(25) の構造からあきらかなように，《動作主》が構造的にもっとも高い文法項の位置を占め，次いで《場所》–《存在者》の順にその構造的位置が低くなっている．これは，われわれが意味役割の階層順序として，《動作主》–《場所》–《存在者》の順を仮定していることの反映である．このなかで，《動作主》が階層の最上位にくると仮定することには，まったく問題がないであろう．実際，意味役割の階層について議論している従来の多くの研究においても，ほぼ間違いなく〈動作主(ないし行為者)〉が最上位であると仮定されている．

一方，《場所》と《存在者》の階層順序に関しては，異論がないわけではない．与格交替の事例を手がかりにして考えてみよう．

(33) a. John gave a book to Mary.
　　　b. John gave Mary a book.

　最近の生成文法における1つの論争点として，(33a, b)のどちらが，より基本的な構造(以前の深層構造，あるいは，基底に近い構造)に対応しているのかという問題がある．(33a)の前置詞を含む文のほうが，より基本的な構造に近く，(33b)の二重目的語構文は，その基本的な構造にしかるべき操作が適用されることにより，派生的に得られるという考え方をとる場合には，〈主題〉-〈着点〉の階層順序が基本にあると仮定されることになる．これとは逆に，(33b)の二重目的語構文のほうが基本形であり，しかるべき操作が適用されることにより，(33a)の前置詞の構文が派生されるという考え方に立つ場合には，基底において正反対の〈着点〉-〈主題〉の階層順序が仮定されることになる．

　前者の考え方を採用している最近の研究としては，Larson (1988), Hale and Keyser (1993), Baker (1995, 1997)などがあり，一方，後者の立場に立つ研究には，Aoun and Li (1989), Oba (1993), Takano (1996, 1998)などがある．われわれは，(33a, b)の与格交替における〈着点〉と〈主題〉のあいだの階層関係に限らず，さらに一般的に《場所》と《存在者》というマクロな意味役割のあいだに階層順序があると仮定するが，立場としては後者の主張を受け入れていることになる．後者の主張を支持する議論は，ここにあげた後者の立場に立つ研究者を含め，多くの研究者によって提出されているが，残念ながら，それらの議論を1つ1つみてゆく余裕はない．ここでは，竹沢(1999)の日本語の遊離数量詞現象に基づく議論だけをみることにしたい．ここであえて日本語からの議論を引用するのは，竹沢(1999)があげている例がたいへんわかりやすいことと，意味役割に階層順序があるとすれば，それはすぐれて言語の普遍的な側面であると思われるので，議論を英語などの特定の言語に限る必要はないと考えるからである．

　竹沢(1999)は，(34a, b)のような文の文法性の相違に注目している．

(34) a. 太郎が車をアメリカに2台送った．

(cf. a′. 太郎が車を 2 台アメリカに送った.)
b.*?太郎が車を真っ赤に 2 台塗った.
(cf. b′. 太郎が車を 2 台真っ赤に塗った.)

ここでは，いわゆる遊離数量詞の「2 台」の位置が問題となる．(34a) では，その数量詞とホスト名詞句である「車を」とのあいだに，〈着点〉を表す「アメリカに」が介在しているけれども，この文は問題なく解釈ができ，文法的である．一方の (34b) では，あいだに介在する要素が〈結果〉を表す「真っ赤に」に替わっているだけであるが，こちらは容認できない文であると判断される．「2 台」が「車を」に直接後続している文法的な (34b′) の文とは，容認性にはっきりとした違いがあると思われる．

次の (35)，(36) も，竹沢 (1999) であげられている同じような対立を示す例である．ホスト名詞句と遊離数量詞にはさまれる要素が，(35) では〈場所〉表現であるのに対して，(36) では〈結果〉表現になっている．

(35) a. 太郎が友達を自宅に 2 人招いた.
 b. 太郎がコップを机の上に数個置いた.
 c. 太郎が飴玉を口の中に 1 つ入れた.
(36) a.*?太郎がバケツを一杯に 3 つ満たした.
 b.*?太郎がプラモデルをバラバラに 2 つ分解した.
 c.*?太郎が白い布を真っ赤に 1 枚染めた.

竹沢によると，以上の事実は次のように説明される．まず，(34a) のような位置変化文では，動詞句の基底構造が (37a) の形をしていると仮定される (Hoji (1985) を参照)．つまり，「ニ句」のほうが「ヲ句」よりも階層的に高い位置に基底生成される．この基底構造にスクランブリング (scrambling) が適用され，「車を」が「アメリカに」の左に移動しているのが (34a) の文であり，その構造は (37b) のようになっていると考えられる．

(37) a. ... [$_{VP}$ アメリカに [$_{V'}$ 車を 2 台 送った]]
 b. ... [$_{VP}$ 車を$_i$ [$_{VP}$ アメリカに [$_{V'}$ t_i 2 台 送った]]]

ここで，遊離数量詞とホスト名詞句の解釈関係は，その2つの要素間に相互 c 統御（mutual c-command）の関係が成立する場合にのみ可能であるという，Miyagawa (1989) の一般化を仮定することにしよう．そうすると，(37b) の構造において，「車を」は移動のさいに V′ 内に残した痕跡を介して，数量詞「2台」と相互 c 統御の関係をもつことができるので，数量詞の解釈を適正に行なうことができる．したがって，(34a)（および (35) の各文）は文法的である．

これに対して，(34b) のような状態変化文は，(38a) の基底構造をもつと仮定される．つまり，位置変化文とは逆に，「ヲ句」-「ニ句」の順序で基底生成される．この構造から (34b) の文の表面語順を得るためには，「真っ赤に」にスクランブリングを適用して，「車を」と「2台」のあいだに割り込ませることが考えられる（ただし，そのようなスクランブリングの適用が本当に可能かどうかは，「車を2台」の部分にどういう構造を仮定するかという問題も含めて，慎重な考察が必要である）．しかし，そのスクランブリングが適用された (38b) の構造では，「真っ赤に」があいだに入り込むことにより，「車を」と「2台」が相互 c 統御の関係でなくなるために，適正な数量詞の解釈を行なうことができなくなる．また，もともと数量詞の「2台」が「真っ赤に」に後続する位置に基底生成された構造 (38c) でも，「車を」と「2台」は相互 c 統御の関係をもてないために，数量詞に適正な解釈を与えることができない．このように，(34b)（および (36)）の文は，数量詞の適正な解釈を行なうための構造が得られないので，容認不可能な文である．

(38) a. ...[$_{VP}$ 車を 2台 [$_{V'}$ 真っ赤に　塗った]]
　　　b. ...[$_{VP}$ 車を [$_?$ 真っ赤に$_i$ [$_?$ 2台 [$_{V'}$ t_i 塗った]]]]
　　　c. ...[$_{VP}$ 車を [$_{V'}$ 真っ赤に　2台　塗った]]

竹沢 (1999) の説明のポイントは，文のタイプによって基底構造が異なると考える点にある．すなわち，位置変化文では「ニ句」-「ヲ句」の順が基底構造であるのに対して，状態変化文ではその逆に「ヲ句」-「ニ句」の順が基底構造になると仮定され，それが (34a, b) の文法性の説明におい

て決定的に重要な役割を果たすことになる．竹沢は，このように文のタイプによって基底構造が異なるのはなぜかという点には，明確な解答を与えていないけれども，たしかにそのような仮定を行なわないと，(34a) が文法的であるのに対して，(34b) が非文法的であるという事実は自然な形では説明できないように思われる．この限りにおいて，基底構造に関する竹沢の仮定には，動機づけがあると考えられる．

　竹沢のこの仮定を，われわれの意味役割理論の観点からとらえ直してみよう．位置変化文の場合の「ニ句」は〈着点〉を表し，「ヲ句」は〈主題〉を表している．一方の状態変化文では，「ヲ句」が〈被動作主〉を表し，「ニ句」が〈結果(ないし主題)〉を表している．これをマクロな意味役割のレベルで考えると，竹沢が仮定している基底生成の順序は，どちらも《場所》–《存在者》の階層としてまとめることができる．すなわち，上の (25) の構造で表したように，《場所》–《存在者》の階層順序を仮定しておけば，われわれの枠組みでは，位置変化文と状態変化文を区別して，それぞれに異なる基底構造を仮定するという手続きを経ることなく，(34)–(36) の遊離数量詞文における文法性の対立が説明できることになる．もしその逆に，《存在者》–《場所》という階層順序を仮定してしまうと，(34)–(36) の文法性の説明はたいへん困難なものになることを考えあわせれば，竹沢(1999) によって指摘された (34)–(36) の日本語の事実は，われわれが仮定する《場所》–《存在者》の階層順序を強く支持する証拠になると思われる．

　われわれは，《動作主》–《場所》–《存在者》という意味役割の階層順序が存在し，それらの役割を担う要素は，「VP_1 の指定部の位置」，「VP_2 の指定部の位置」，「VP_2 の補部の位置」にそれぞれ基底生成されると仮定した．この基底生成の位置は，主題役付与一様性の仮説にしたがって，構文や語彙項目の範疇の違いにかかわらず，つねに固定されていると考えられる．そうすると，われわれにとっての次の問題は，(英語の)一見したところ多様な表面語順を，どのように派生させるかということになる．ここでは基本的に，ミニマリストの標準的な枠組み(Chomsky (1995) など)を受け入れ，その枠組みのなかでその問題を考えることにしたい．ただし，

第 2 章 意味役割と統語構造　135

やはり紙幅の制限があるために，第 3 章におけるわれわれの議論にとって必要になる点を中心に簡単にみてゆくことにする．ここでの目標は，ミニマリストの枠組みで仮定されている原理ないし道具立てを用いて厳密な議論を組み立てるということにはないことを，あらかじめお断りしておきたい．

まず，すでに述べたように，下位動詞 V_2 は上位動詞 V_1 の位置に移動すると仮定する（とりあえず，V_2 は V_1 に付加する（adjoin）と考えることにしたい）．また，文の主語の位置は，IP (Inflectional Phrase)（ないし TP (Tense Phrase)）の指定部であると考える．すなわち，VP 内に基底生成された項要素で，I（ないし T）によって牽引（attract）されて（あるいは，拡大投射原理（Extended Projection Principle）を満たすために），IP（ないし TP）の指定部の位置に移動したものが主語となる．要素の移動には，最短連結条件（Minimal Link Condition: 牽引位置にもっとも近距離にある要素だけが移動できることを規定する条件）が適用されるために，もし，階層的に最上位の要素である《動作主》が文に含まれる場合は，（能動文では）優先的にその《動作主》が IP の指定部の位置に移動して主語となる．もし《動作主》が文に含まれない場合は，《場所》あるいは《存在者》の要素が IP の指定部の位置に移動して主語となる．なお，IP の指定部に移動した主語は，その位置で主格の格照合（Case checking）を受けると考える．

以上のような仮定に立つと，たとえば (33b) の二重目的語構文は，次のような表面構造をもつことになる．（間接目的語と直接目的語の格照合については，第 3 章第 2 節で論ずることにする．また，動詞は屈折した形で基底構造に導入されると暫定的に仮定する．）

(39) 　[$_{IP}$ John$_i$ [$_{I'}$ I [$_{VP1}$ t_i [$_{V'1}$ gave$_j$-V$_1$ [$_{VP2}$ Mary [$_{V'2}$ t_j a book]]]]]]

(39) では，《動作主》の John と下位動詞の gave が移動し，《場所》の Mary と《存在者》の a book は，基底生成された位置に留まっている．これは，(33b) の表面語順に対応した構造となっている．

一方，(33a) の前置詞 to を含む与格構文の語順は，どのように導いた

らよいであろうか．主題役付与一様性の仮説にしたがうと，(33a) に対応する基底の VP 構造は (40) のようになるはずである．

(40) [$_{VP1}$ John [$_{V'1}$ V$_1$ [$_{VP2}$ to Mary [$_{V'2}$ gave a book]]]]

この構造から，(33a) の表面語順，とりわけ to Mary と a book の相対語順を得るためには，どのような操作を仮定したらよいであろうか．この問題に関しては，すでにこれまでいくつかの解決策が提案されている (Aoun and Li (1989), Oba (1993), Koizumi (1993, 1995) など参照)．ここでは，以下の議論を具体的なものにするために，暫定的に Takano (1996, 1998) の提案を受け入れて，その線に沿った解決策を仮定することにしたい．

Takano (1996, 1998) の提案は，日本語やドイツ語などで仮定されるスクランブリングという随意的な移動規則が，英語でも適用される場合があるというものである．ただし，日本語ではスクランブリングが適用される領域にとくに制限がないのに対して，英語ではその適用が下位の動詞句内に限られるという条件がつくと考え，英語のその規則を短距離スクランブリング (short scrambling) と名づけている．この移動規則が，(40) の基底構造の《存在者》要素 a book に適用されると（あわせて下位動詞 gave の V$_1$ への移動も生じたと仮定する），表面語順に即した (41) のような VP の構造が派生される．（正確に言うと，Takano は，この場合のスクランブリングが VP$_2$ への付加操作であるとは考えないが，説明を簡潔に保つためにここではそのような表記を採用する．この点は実質的な論点には影響を与えない．）

(41) [$_{VP1}$ John [$_{V'1}$ gave$_i$-V$_1$ [$_{VP2}$ a book$_j$ [$_{VP2}$ to Mary [$_{V'2}$ t_i t_j]]]]]

英語の短距離スクランブリングは，a book のような名詞句（厳密には限定詞句 (Determiner Phrase)）だけでなく，前置詞句にも適用されると考えられる．Takano (1996, 1998) によると，(42b) はその適用例であるという．

(42) a. I talked to John about Mary.

b. I talked about Mary to John.

to John が《場所》要素で，about Mary が《存在者》要素とみなされるので，(42a)は基底の階層順序を反映した構造である．(42b)は，基底構造のなかの about Mary にスクランブリングが適用され，それが to John の上方(左側)に移動することによって派生されたと考えられる．

ここで問題が1つ生ずる．(短距離)スクランブリングは定義上，随意的な規則である．したがって，(42a, b)のように，規則が適用された場合でも，適用されない場合でも，文法性に違いが出ることはない．ところが，(43)にみるように，名詞句のスクランブリングの場合には，スクランブリングが適用されていない基底に近い構造をもつ文は，非文法的である(ただし，重名詞句(heavy NP)を含む事例は除く)．ここでは，スクランブリングの適用が義務的であるようにみえる．

(43) a. *John gave to Mary a book.
b. John gave a book to Mary. (= (33a))

名詞句の場合に限り，なぜスクランブリングの適用が義務的になるのであろうか．この問題に対して，Takano (1996, 1998) は次のように答える．

名詞句は，格照合を受ける必要がある．目的語の格照合は，その目的語の格素性と V_1 の(位置にある)格素性のあいだで行なわれるが，その格照合が実行されるためには，目的語の格素性が V_1 の位置に移動しなければならない．ミニマリストの枠組みにおいて，移動規則は一般に，最短連結条件にしたがうことを思い起こしてほしい．格素性の移動は，不可視的(covert) 移動ではあるけれども，移動規則であるから，この最短連結条件にしたがうことが要求される．そうすると，スクランブリングが適用された(41)の構造では，移動した a book が V_1 の位置にもっとも近い名詞句であることになり，この名詞句の格素性を照合することが可能であるのに対して，スクランブリングが適用されていない(40)の基底構造では，V_1 と名詞句 a book のあいだに前置詞を伴った名詞句 Mary が介在しているため，a book の格素性の照合が最短連結条件によって阻止されることになる．(43a)が非文法的であるのは，このように，前置詞句に後続し

ている名詞句 a book の格素性が，照合されないまま残ってしまうからであると説明される．一方，名詞句とは異なり，前置詞は格照合を受ける必要がないので，2つの前置詞補部を含む (42) では，スクランブリングが適用されなくても，また適用された場合でも，文法性に変化は生じない．（なお，前置詞の補部名詞句は前置詞句内で格照合を受けると仮定する．）以上のようにみてくると，(43) において，スクランブリングの適用が一見義務的であるようにみえるのは，名詞句に格照合の要請があるためであり，スクランブリングの適用自体は随意的であると考えてさしつかえないことがわかる．

本論では，表面語順を派生する問題に対して，Takano (1996, 1998) の (短距離) スクランブリングに基づく解決策をとりあえず採用して，以下の議論を進めることにする．この考え方のもとでは，(43b) の与格構文に限らず，《場所》の前置詞句と《存在者》の名詞句の組み合わせをもつ文，たとえば (31a-c)（(44) として再掲）は，スクランブリングの適用を受けていることになる．

(44) a. Bob put a book on the table.
b. John threw the ball to the wall.
c. He stole industrial secrets from a competitor.

また，《動作主》が含まれず，《存在者》が文の主語になっている (45) のような文でも，短距離スクランブリングが適用されていると考えられる．(46) で示されるように，最短連結条件を満たすために《存在者》の John は，スクランブリングによって一度《場所》の前置詞句 at a hotel の左側に動いてから，その後に IP の指定部に移動する必要があるからである．

(45) John arrived at a hotel.
(46) [$_{IP}$ John$_i$ [$_{I'}$ I [$_{VP1}$ arrived$_j$-V$_1$ [$_{VP2}$ t_i [$_{VP2}$ at a hotel [$_{V'2}$ t_j t_i]]]]]]

2.4 単純な《場所》と影響を受けた《場所》

第1章の1.2節でみたように，Jackendoff (1990) は，〈主題〉〈起点〉

〈着点〉〈場所〉〈動作主〉などの主題関係を表す「主題層」のレベルに加えて，要素間の力学的影響関係を記述するために「行為層」のレベルを導入している．たとえば (47) の文を例にとると，Jackendoff の分析では，主題層で，移動する車が〈主題〉で，車が到達する地点としての木が〈着点〉と解釈されると同時に，行為層では，木に物理的な衝撃を与える車が〈行為者〉で，衝撃を受ける木が〈被動作主〉であるという特徴づけが行なわれる(第1章 (34) の概念構造を参照)．

(47) The car hit the tree. (= 第1章 (33))

また，(48) のような状態変化文は，主題層で，フィルが〈動作主〉，ドアが〈主題〉の役割をもち，行為層で，フィルが〈行為者〉，ドアが〈被動作主〉の役割をもつという分析を受ける(第1章 (36b) の概念構造を参照)．

(48) Phil opened the door. (= 第1章 (35b))

これらの例からもわかるように，主題層の役割と行為層の役割は，けっして1対1の対応関係にはなっていない．〈着点〉が〈被動作主〉になる場合もあれば，〈主題〉が〈被動作主〉になる場合もある．したがって，主題層と行為層の2つのレベルをそれぞれ独立に設ける必要があるというのが，Jackendoff の考え方であった．

一方，われわれの分析では，要素間の力学的影響関係を記述するレベルというのは，設けられていない．Jackendoff (1990) のアプローチを2層方式と呼ぶとすれば，われわれの分析はいわば単層方式である．この単層方式では，Jackendoff が行為層を設定してとらえようとしている要素間の力学的影響関係を，うまくとらえることはできないのであろうか．

われわれの分析では，〈被動作主〉はマクロな意味役割の《場所》に含まれる要素である．Jackendoff (1990) の分析では，(47) の the tree と (48) の the door は，主題層においてそれぞれ〈着点〉と〈主題〉とみなされるために，それらの要素が物理的な影響を受ける〈被動作主〉でもあるという事実を，行為層という別のレベルを用意して説明する必要が

あった．ところが，われわれの分析では，(47) の車の衝突を受ける the tree も，(48) の状態変化を起こす the door も，どちらもマクロな《場所》に属す要素である．そして，これらの要素が，ミクロな意味役割のレベルでは，《場所》の一成分である〈被動作主〉の役割をもつと考えることにすれば，それらが物理的な影響を受ける対象になっているという事実も，自然な形で説明することができる．したがって，われわれの分析では，行為層といった独立の表示レベルを立てる必要がないことになる．このような単層方式の説明が可能になったのは，通例もっとも典型的な〈被動作主〉とみなされる，(48) の the door のような状態変化を起こす主体を，われわれは従来のように〈主題〉とみるのではなくて，《場所》と分析することにしたからである．

　Jackendoff (1990) は，(49a, b) の〈受取手〉の Sam を，行為層の第2項を占める要素として分析している(第 1 章 (40) の概念構造を参照)．すなわち，〈被動作主〉と平行的に，ある種の影響を受ける要素であるとみている．

(49)　a.　Sam received a book.　(= 第 1 章 (39))
　　　b.　Harry gave Sam a book.

同様の分析は，〈受益者〉や〈経験者〉に対しても成り立つ．これらの役割をもつ要素は，物質的ないし精神的な影響を受ける主体であると考えられる．

(50)　a.　Mary baked *John* a cake.〈受益者〉(= (31h))
　　　b.　The sound of the bell frightened *John*.〈経験者〉(= (31i))

われわれの分析では，〈受取手〉〈受益者〉〈経験者〉はいずれも，マクロな《場所》に含まれる要素である．そうすると，われわれの分析のもとでは，物理的な影響を受ける〈被動作主〉を含めて，物理的，物質的ないし精神的な影響を受ける主体はすべて《場所》要素である，という一般化を行なうことができる．物理的な影響であれ，物質的，精神的な影響であれ，影響の「受け手」が広い意味で《場所》であるというのは，概念的に

納得できる一般化であると思われる．

　もし，この一般化に経験的な問題が生ずるとすれば，それは次のようなタイプの例であろう．

　(51)　Bill threw the ball into the field.　(= 第 1 章 (35a))

Jackendoff (1990) は，この文の目的語の the ball を〈被動作主〉であるとみて，行為層の第 2 項に位置づける分析を示している（第 1 章 (36a) の概念構造を参照）．しかし，この場合のボールは，into the field という前置詞句の存在からあきらかなように移動主体であり，われわれの分析では《存在者》とみなされる要素である．このボールが〈被動作主〉でもあるとすると，上で示した〈被動作主〉は《場所》であるという一般化にしたがわない例ということになる．

　たしかに，ボールは投げられるときに，投げ手から物理的な力を受けることは間違いない．また，in(to) the field は〈着点〉となるべき単なる場所であり，とくに何かの影響を受けるという要素ではない．したがって，(51) の文の the ball が〈被動作主〉であるというのは，直観的には正しいように思われる．しかし，次の文を考えてみよう．

　(52)　Bill threw Sam the ball.

(52) には，〈受取手〉の Sam が生じている．上でみたように，〈受取手〉は単なる〈着点〉とは異なり，しかるべき影響を受ける要素であるとみなされる．Jackendoff (1990) の枠組みでは，行為層の第 2 項に現れる要素である．一方，直接目的語の the ball はどうであろうか．このボールも (51) のボールと同様に，投げられるときに力が加えられるという意味で，〈被動作主〉とみなされるであろうか．もし〈被動作主〉とみなされるのであれば，Sam とあわせて，(52) の文には行為層の第 2 項を占める要素が 2 つ含まれることになる．

　この点に関して，Jackendoff がどういう考え方をとるかはわからないけれども，Jackendoff (1990) をみるかぎり，行為層の第 2 項に 2 つ（以上）の要素が現れている例はなく，それぞれの項の位置に生起する要素の

数は，最大 1 つまでというのが了解事項になっているように思われる．また，(52) の例ではないけれども，与格動詞 give を含む (49b) の例に対して Jackendoff (1990, 135) は，次のような概念構造表示を与えている．

(53)　Harry gave Sam a book.　(= (49b))
$$\begin{bmatrix} \text{CAUSE}([\text{HARRY}], [\text{GO}_{\text{Poss}}([\text{BOOK}, \begin{bmatrix} \text{FROM}[\text{HARRY}] \\ \text{TO}[\text{SAM}] \end{bmatrix})]) \\ \text{AFF}([\text{HARRY}], [\text{SAM}]) \end{bmatrix}$$

ここでは，間接目的語の Sam だけが行為層の第 2 項になっており，直接目的語の a book は単なる〈主題〉の扱いである．give の目的語の a book と throw の目的語の the ball が同じ扱いを受けるとは，かならずしも限らないけれども，二重目的語構文に関する Jackendoff (1990) のほかの箇所の論調からしても，二重目的語構文における直接目的語は，〈被動作主〉とはみなされていないように思われる．

　もしそうであるとすると，(52) の the ball は単なる〈主題〉ということになり，Jackendoff が〈主題〉かつ〈被動作主〉と特徴づける (51) の the ball とは，異なる扱いを受けることになる．しかし，(51) の the ball と (52) の the ball では，どこが異なるのであろうか．結論的にいうと，客観的な事実をみるかぎり，その 2 つを区別することはできないと思われる．投げ手によって推進力を与えられて，空間を移動してゆくという力学的な面では，両者はまったく同一である．ただ異なるのは，ボールの行き着く先が，(51) では単なる〈場所〉であるのに対して，(52) ではそのボールが行き着くことにより何らかの影響を受ける〈受取手〉であるという点である．この違いをふまえると，(51) の the ball が (52) の the ball とは異なり，〈被動作主〉であるように感じられるという (Jackendoff の) 直観は，次のように説明できるかもしれない．(51) では，ボールを投げるという行為の「影響」を受ける要素が，ほかに存在しないため，ボールが投げ手から推進力を与えられるという側面が相対的に目立つことになり，the ball が〈被動作主〉であるかのようにとらえられるのに対して，

(52) では〈受取手〉という「影響」の受け手がほかに存在するために，ボールが投げ手から力を与えられるという物理的影響の側面は，その裏に隠れて目立たなくなり，the ball は〈被動作主〉とはみなされなくなると考えられる．

　結局，ここでは次のように考えたい．(51) の the ball も (52) の the ball も，厳密な意味では〈被動作主〉ではない．両者ともあくまで移動主体であり，《存在者》である．たしかに，行為者である投げ手から移動のきっかけとなる力学的な影響は受けるけれども，出来事全体としてみた場合には，ボールは移動することにより，《場所》要素に何かしらの影響を与えうる潜在的な力をもつ要素である．たまたま (51) では，《場所》が単なる〈着点〉であり，影響を受けるべき要素でないために，ボールの「影響力」は発揮されないけれども，潜在的には《場所》要素に影響を与える力をもっていると考えられる．このように出来事全体としてみた場合には，移動主体としてのボールは，むしろ影響を与えるべき要素であり，影響をこうむる〈被動作主〉となるべき要素ではない．(51) の the ball が一見したところ〈被動作主〉であるかのように感じられるのは，ほかに〈被動作主〉要素がないために，移動のきっかけとなる力の伝達の部分に視点が向けられ，その局面における力の受け手であるボールが〈被動作主〉であるかのようにみなされるからである．しかし，ボールの移動を引き起こす「投球」という行為自体は，(51) および (52) が表している出来事全体からみたときの〈被動作主〉の認定には，関係しない部分である．したがって，(51) および (52) の the ball は，厳密な意味では〈被動作主〉ではない．このように考えてくると，影響を受ける主体は《場所》要素であるという，われわれの上での一般化に対して，一見問題のように思われた (51) の例も，問題とはならないことがわかる．

　上で述べたように，Jackendoff (1990) は〈受取手〉や〈受益者〉を，主題層で〈着点〉の役割をもち，かつ，行為層で第 2 項の位置を占める要素であると特徴づけている．一方，(51) の into the field などは，単なる〈着点〉であり，行為層には関係する部分をもたない要素である．Jackendoff はこのように，いわゆる行為や出来事から影響を受ける要素

であるか，受けない要素であるかを，行為層の第2項に現れるか否かで区別しようとしている．われわれの分析でも，その区別を行なうことにしよう．ただし，われわれの枠組みでは，行為層などの独立のレベルを設ける必要はなく，簡単に次のように述べればすむ．影響を受ける要素はすべて《場所》に含まれるので，影響を受ける要素を「影響を受けた《場所》」(affected Location) と呼び，影響を受けない要素を「単純な《場所》」(simple Location) と呼ぶことにする．

単純な《場所》には，〈場所〉〈着点〉〈起点〉〈経路〉〈標的〉などが含まれる．これらの意味役割は，もの(《存在者》)との物理的な位置関係を表す要素であると特徴づけることができる．一方，影響を受けた《場所》には，〈所有者〉〈受取手〉〈受益者〉〈経験者〉〈被動作主〉などがある．これら後者の意味役割は，ものとの単なる位置関係ではなく，ものを所有したり，出来事を経験したり，また，ものやことに影響を受けたりといった，より動的な関係を表している．そして，それらの意味役割を担う主体は，その動的な関係から何かしらの「影響」を受けると考えられる．

さらに，単純な《場所》と影響を受けた《場所》のこの区別をふまえて，次のような原則を作業仮説として立てることにしたい．

(54) 　構造的具現化原則: 単純な《場所》の項は前置詞句 (PP) として具現するのに対して，影響を受けた《場所》は名詞句 (NP) として具現する．

(54) は，《場所》の項を占める要素が，統語的にどういう範疇として具現するかを規定する原則である．前記 (31a-j) の例でみるように，単純な《場所》である〈場所〉〈着点〉〈起点〉〈経路〉〈標的〉の各意味役割を担う要素は，統語的に前置詞句として現れるのに対して，影響を受けた《場所》である〈所有者〉〈受取手〉〈受益者〉〈経験者〉〈被動作主〉の各要素は，名詞句(厳密には，限定詞句 (DetP))として現れている．英語(あるいは，その他の言語)の《場所》表現の生起がすべてこの原則にしたがっているかどうかは，ここですぐに確かめることはできないけれども，意味と統語形式の対応関係を考えるときに興味深い帰結をもたらす仮説になる

と思われる．

次の (55a, b) の《場所》表現は，(54) の具現化原則にしたがっていないようにみえる．

(55)　a.　Mary baked a cake for John.
　　　b.　Bill entered the room.　(= 第 1 章 (37))

(55a) の for John は，〈受益者〉を表していると考えられる．〈受益者〉はわれわれの仮定では影響を受けた《場所》であるが，その〈受益者〉要素が (31h) では間接目的語名詞句として生起しているのに対して，(55a) では前置詞句として生起している．しかし，この例は (54) の原則に対する反例とはならない．(55a) に現れている for John は，付加詞要素であり，項要素ではないからである．(54) が具現化のパターンを規定しているのは，VP_2 の指定部の位置に生ずる項要素としての《場所》表現についてである．付加詞要素は，(54) の原則の適用外ということになる．(55a) の for John が付加詞要素であるのは，for 前置詞句の〈受益者〉表現は，(56)，(57) に示したように，二重目的語の形式をもつ受益構文を許さない動詞とも共起可能であることなどから明らかである．

(56)　a.　*I opened Mary the door.
　　　b.　I opened the door for Mary.
(57)　a.　*Beth jumped Harriet the puddle.
　　　b.　Beth jumped the puddle for Harriet.

(55b) の目的語の the room は，ビルがそこに入ったとしても，その行為によりとくに何かの影響を受けるわけではない．Jackendoff (1990) の分析でも，動詞 enter の目的語は単なる〈着点〉であり，行為層の第 2 項を占める要素であるとは考えられていない（第 1 章 (38) の概念構造を参照）．そうするとわれわれの分析では，(55b) の the room は単純な《場所》ということになるが，(54) の具現化原則に反して，名詞句として生起している．このような事例に関しては，次のように考えたい．動詞 enter がとる補部は，実は前置詞句である．しかし，その前置詞句の主要

部 P が動詞 enter に編入（incorporate）されているために，その補部は表面的に前置詞句ではなく，名詞句のようにみえている．つまり，(55b) は次のような構造をもつと仮定したい．

(58) [$_{IP}$ Bill$_i$ [$_{I'}$ I [$_{VP1}$ P$_j$-entered$_k$-V$_1$ [$_{VP2}$ t_i [$_{VP2}$ [$_{PP}$ t_j the room] [$_{V'2}$ t_k t_i]]]]]]

(58) では，《存在者》の Bill が VP$_2$ の位置にスクランブリングされ，さらにそこから IP の指定部の位置に繰り上がっている．また，下位動詞 V$_2$ が V$_1$ の位置に繰り上がるとともに，《場所》の前置詞句の主要部 P が V$_1$ の位置に編入する操作が適用されている．このように考えると，単純な《場所》である the room は，構造的に前置詞句の範疇をもつことになり，(54) の原則にしたがっていることになる．enter の補部が実は前置詞句であるという考えは，現時点では単なる仮定にすぎないけれども，名詞形の entry の場合には前置詞 into が現れるなどの事実をみると，まったく根拠がないわけではない．

(54) の具現化原則にとって問題となるかもしれない事例は，ほかにもみつかるけれども（たとえば，it seems to me that ... などの文における〈経験者〉を表す前置詞句 to me など），ここではそれらの議論に深入りするのではなく，逆に (54) の原則を仮定することによって，より原理的で良質な分析が得られることになる例を，1つみておきたい．(59a, b) は，いわゆる場所交替（locative alternation）構文の例である．

(59) a. Bill loaded books onto the truck.
　　　b. Bill loaded the truck with books.

従来の分析では，場所交替構文をなす2つの文のどちらにおいても，その目的語が〈主題〉かつ〈被動作主〉であると考えられることが多かった．つまり，(59a) では「本」の位置変化に焦点があてられているのに対して，(59b) では「トラック」の状態変化が主要な関心事になっているというとらえ方である（Rappaport and Levin (1985), Pinker (1989), Baker (1997) などを参照）．この考え方のもとでは，load は，位置変化動詞と

しての用法と状態変化動詞としての用法の2つをあわせもつ動詞ということになる.

　一方，われわれの分析では，(59a, b)のどちらにおいても，「本」は《存在者》であり，「トラック」は《場所》であるとみなされることになる（ただし，正確を期して言うと，(59b)の with books は付加詞と分析される可能性もある）．われわれの見方では，(59a)と(59b)の違いは，位置変化文と状態変化文というような截然とした区別ではない．(59b)の文は，たしかに「トラック」の状態変化を記述しているとみることもできるが，「本」の移動も同時に生じているわけで，この点も見逃すことはできない．われわれの分析のもとでは，(59a)と(59b)はともに，ビルが本をトラック(の荷台)に積み込む行為を記述する文である．(59a)と(59b)の違いは，《場所》の項の解釈の違いに求められる．トラックが，積み込まれる本の単なる〈着点〉としてとらえられる場合には，(54)の具現化原則における単純な《場所》に該当するために，トラックは前置詞句として具現する．それが，(59a)の《存在者》を目的語とする構文である．一方，トラックが単なる〈着点〉ではなく，本が積み込まれることによってある種の状態変化を起こす要素，すなわち〈被動作主〉としてとらえられる場合には，影響を受けた《場所》とみなされ，(54)の原則にしたがって名詞句として具現する．それが，(59b)の《場所》を目的語とする構文である．この後者の構文では，《場所》要素が影響を受けた〈被動作主〉と解釈されなければならない．そこから，(59b)の文の，トラック(の荷台)が本で(ほぼ)一杯になったという，「全体性」の含意が出てくると考えられる.

　このように，(54)の構造的具現化原則を仮定することにより，場所交替構文の原理的でより事実に即した説明が可能になるように思われる．次章以降の議論でも，(54)の原則を仮定することにしたい．

第3章 英語の構文:
結果構文, 二重目的語構文, 中間構文

　本章では, 第2章で提示された意味役割理論を枠組みとして, 英語の結果構文, 二重目的語構文, 中間構文について検討する.

3.1 結果構文

　本節では結果構文を取り上げるが, ここで考察したいのは, とりわけ, (1)と(2)のような文のあいだにみられる文法性の違いである.

(1)　a.　I froze the ice cream solid.　　　　(Simpson 1983)
　　　b.　The horses dragged the logs smooth.(Jackendoff 1990)
　　　c.　The joggers ran the pavement thin.　　(Randall 1982)
(2)　a.　*Medusa saw the hero into stone.　　(Simpson 1983)
　　　b.　*Jill took the child ill.　　　　　(Goldberg 1991)
　　　c.　*During the spring thaw, the boulders rolled the hillside bare.
　　　　　　　　　　　　　(Levin and Rappaport Hovav 1995)

(1a-c)はそれぞれ, freeze, drag, run を主動詞とする文法的な結果構文である. 一方, (2a-c)は see, take, roll を主動詞としているが, こちらは結果構文として容認されない. ただし, (2a-c)がよくないのは, それらの文が表そうとしている状況が, そもそも原因–結果の因果関係を含む事象として想定できないからという理由ではない. (2a)はギリシャ神話の世界ではありうる状況であるし, (2b)の(旅行などに)連れ歩くと子供が病気になるという事態は, 現実にしばしば起こることである. また,

(2c) で述べられているような，雪解けの季節に石が転がって丘の斜面の草などがはげ落ちるという状況も，十分にありうることである．したがって，(2a-c) が容認されないのは，現実世界に対応する状況がないなどの言語外の理由ではなく，言語内のしかるべき「文法的」理由によっていると考えなければならない．

　従来の結果構文の分析では，(2a-c) のような文が非文法的である事実を，目的語の非〈被動作主〉的性質 (Simpson (1983), Jackendoff (1990), Goldberg (1995), Horita (1995), Washio (1997) など)，文の事象構造 (Levin and Rappaport Hovav (以下 L & RH と略記) (1995), 影山 (1996) など)，文のアスペクト特性 (Tenny (1987, 1994), van Valin (1990), Rapoport (1993)) などに注目して説明することが多かった．それぞれのタイプの分析には，それぞれ長所と短所があり，どのタイプの分析が優れているかは，一概には言うことができないように思われる．一方，われわれの分析は，これらのどのタイプの分析とも異なり，前章で提示した，動詞句シェル構造を利用した意味役割理論の観点からの説明である．ただし，紙幅の制限のため，従来の分析について細かにみている余裕はないので，従来の分析とわれわれの分析との違いやその比較検討に関しては，別の機会に譲らざるをえない．

　われわれは，《動作主》《場所》《存在者》という3つのマクロな意味役割を仮定した．また，《場所》に含まれる要素として〈被動作主〉があり，《存在者》の要素として〈結果〉(ないし〈主題〉) があるという分析を採用する．そうすると，「主語」「目的語」「結果句」の3つの項を含む結果構文は，それらの項が《動作主》《場所》《存在者》の意味役割にそれぞれ対応することにより，基底の動詞句シェルの構造にうまくおさまれば，文法的になることが予測される．また，その逆に，その3つの項が3つの意味役割に適切に対応せず，動詞句シェルの構造にうまくおさまらなければ，その結果構文は非文法的になることが予測される．この予測の是非を確かめるために，まず，文法的な結果構文の例からみてゆくことにしよう．

　状態変化動詞の freeze や break を主動詞とする結果構文は，もちろん文法的である．

(3) a.　I froze the ice cream solid.　(= (1a))
　　 b.　I broke the vase into pieces.　　　　(Simpson 1983)

(他動詞の) freeze や break は概略，次のような項構造をもつという指定が語彙目録 (lexicon) にあると仮定しよう (なお，x は《動作主》の項，y は《場所》の項，z は《存在者》の項を表し，さらに，y_A は影響を受けた《場所》を表している．また，名詞句の格を照合するための素性を [+F] と表記し，その素性をもつ要素に下付き文字の記号を付けることにする．)

(4) a.　freeze: $[_{VP1} \; x \; [_{V'1} \; V_{1[+F]} \; [_{VP2} \; y_A \; [_{V'2} \; V_2 \; [_z \; \text{FROZEN}]]]]]$
　　 b.　break: $[_{VP1} \; x \; [_{V'1} \; V_{1[+F]} \; [_{VP2} \; y_A \; [_{V'2} \; V_2 \; [_z \; \text{BROKEN}]]]]]$

(4a, b) は，動詞句シェルによった項構造であるが，《動作主》と影響を受けた《場所》の項は自由変項であるのに対して，《存在者》の項は [FROZEN] ないし [BROKEN] という特性をもつことが，語彙的に指定されている．(4a, b) の項構造に沿って統語レベルで語彙挿入が行なわれると (厳密にいうと，ミニマリストの枠組みでは，併合と移動の操作により)，(派生のある段階で) (5a, b) のような統語構造が得られる (スペースの節約のため，主語要素の IP 指定部への移動の表記は，議論に直接関連をもつとき以外は省略することにする)．

(5) a.　$[_{VP1} \; \text{I} \; [_{V'1} \; \text{froze}_i\text{-}V_{1[+F]} \; [_{VP2} \; \text{the ice cream} \; [_{V'2} \; t_i \; \text{solid}]]]]$
　　 b.　$[_{VP1} \; \text{I} \; [_{V'1} \; \text{broke}_i\text{-}V_{1[+F]} \; [_{VP2} \; \text{the vase} \; [_{V'2} \; t_i \; \text{into pieces}]]]]$

この構造から，主語の I は IP 指定部の位置に，目的語の格素性は V_1 の位置にそれぞれ移動して，主格と目的格の照合が行なわれることになる．また，solid と into pieces という《存在者》の項を占める述語要素は，[FROZEN] と [BROKEN] という語彙的に指定された特性を，さらに特定化ないし補足するような意味を表している (影山 (1996) を参照)．このように，(3a, b) の結果構文は，動詞句シェルの項構造を適切な形で満たしており，格の照合も適正に行なわれるので，文法的な文になると考えられる．

状態変化動詞を含んでいる結果構文では，生起できる結果句の種類がかなり限定されることが知られている．たとえば，(6a)の文では，結果句として pink は許されるけれども，stiff や small は容認性が落ちてしまう．また，(6b)では，into pieces はよいけれども，worthless は許されない．

(6) a. Mary dyed the dress pink / ??stiff / *small.
　　　　　　　　　　　　　　　　　　　　　　　(Washio 1997)
　　 b. I broke the vase into pieces / *worthless.
　　　　　　　　　　　　　　　　　　　　　　　(Jackendoff 1990)

このような制限が存在するのは，(4a, b)で示したように，状態変化動詞は《存在者》の項が一定の特性によって埋められている項構造を有するので，その特性と相いれないような意味をもつ要素が文に導入された場合には，意味的な不整合が生じてしまうためであると考えられる．

(7a)のような状態変化動詞の自動詞用法(いわゆる非対格動詞)，および(7b)のような受動用法を含む結果構文は，それぞれ(8a, b)の構造をもっていると仮定される(受動助動詞の was は暫定的に I 主要部の位置に生成されると考えておくことにする)．

(7) a. The river froze solid.
　　 b. The ice cream was frozen solid.
(8) a. [$_{IP}$ the river$_i$ [$_{I'}$ I [$_{VP1}$ froze$_j$-V$_1$ [$_{VP2}$ t_i [$_{V'2}$ t_j solid]]]]]
　　 b. [$_{IP}$ the ice cream$_i$ [$_{I'}$ was-I [$_{VP1}$ frozen$_j$-V$_1$ [$_{VP2}$ t_i [$_{V'2}$ t_j solid]]]]]

(8a)の上位動詞 V$_1$ は，(i)《動作主》の項を投射しない，(ii)目的格を照合するための格素性をもたない，という2つの特性によって特徴づけられる，「不活性な」(inert)動詞要素である．したがって，《場所》要素の the river は，VP$_2$ の指定部の位置では格照合を受けることができないので，IP 指定部の位置に移動して主格の照合を受けることになる．(8b)では，受動形態素の -en が《動作主》の意味役割を抑制(suppress)し，V$_1$

の格照合素性を吸収（absorb）するので（Jaeggli (1986), Baker et al. (1989), Watanabe (1996)など参照），やはり《場所》要素の the ice cream が，IP指定部の位置に移動して主格の照合を受ける．このように，(7a, b)は《場所》と《存在者》からなる適切な項構造をもち，格照合も適正に行なわれるので，文法的な文と認められる．

次に，打撃・接触動詞の場合について考えてみよう．たとえば knock や hammer などの動詞は，語彙レベルにおいて(9)のような項構造をもっていると考えられる．

(9)　$[_{VP1}\ x\ [_{V'1}\ V_{1([+F])}\ [_{VP2}\ y\ [_{V'2}\ V_2\ (z)]]]]$

打撃・接触動詞は，状態変化動詞とは異なり，結果状態を語彙化していないため，《存在者》の項は特別な指定を受けず，随意的である．また，《場所》の項は，影響を受けた《場所》の要素が生起する場合と，単純な《場所》の要素が生起する場合の両方がありうる．影響を受けた《場所》の場合は，(10a, b)のように，《場所》の項が目的語名詞句として生起するのに対して，単純な《場所》の場合には，(11a, b)のように，《場所》の項が前置詞句として具現し，いわゆる動能（conative）構文となる．

(10)　a.　John knocked Bill.
　　　b.　John hammered the metal.
(11)　a.　He knocked on the door.
　　　b.　Someone was hammering at the front door.

(10a, b)の文に《存在者》の項として〈結果〉が付け加わると，(12a, b)のような結果構文となる．その構造は(13a, b)である．

(12)　a.　John knocked Bill unconscious.
　　　b.　John hammered the metal flat.
(13)　a.　$[_{VP1}\ \text{John}\ [_{V'1}\ \text{knocked}_i\text{-}V_{1[+F]}\ [_{VP2}\ \text{Bill}\ [_{V'2}\ t_i\ \text{unconscious}]]]]$
　　　b.　$[_{VP1}\ \text{John}\ [_{V'1}\ \text{hammered}_i\text{-}V_{1[+F]}\ [_{VP2}\ \text{the metal}\ [_{V'2}\ t_i\ \text{flat}]]]]$

(13a, b)の構造では，それぞれの項が適切な要素によって占められてお

り，また，上記 (5a, b) と同様に適正な格照合を受けることができるので，(12a, b) は適格な結果構文である．なお，打撃・接触動詞の場合には，《存在者》の項が〈主題〉の名詞句として具現し，《場所》の項が前置詞句となる可能性も存在する．(14a) のような移動使役 (caused motion) 構文がその具体例である．その構造は (14b) のようになり，Bill がスクランブリングで off the chair の前に移動することにより，目的格の照合を適正に行なうことが可能になっている．

(14) a. John knocked Bill off the chair.
b. [$_{VP1}$ John [$_{V'1}$ knocked$_i$-V$_{1[+F]}$ [$_{VP2}$ Bill$_j$ [$_{VP2}$ off the chair [$_{V'2}$ t_i t_j]]]]]

また，打撃・接触動詞は，状態変化動詞とは異なり，(ある程度) 多様な種類の結果句と共起できるという事実がある (Washio 1997)．

(15) John hammered the metal {flat / thin / soft / shiny ... }.

これは，《存在者》の項の性質に関して，語彙的な指定がないためであると考えられる．

次に，自動詞 (非能格動詞) を含む結果構文をみることにしよう．以下の文において，動詞に後続して現れている名詞句は，(16) では再帰代名詞，(17) では身体部位名詞，(18) ではその他の名詞であるが，いずれも動詞の目的語ではない．その証拠に，結果句が落とされた文は非文法的である．(以下の例は，Randall (1982), Carrier and Randall (1992), L & RH (1995) から引用．)

(16) a. Dora shouted herself *(hoarse).
b. The kids laughed themselves *(into a frenzy).
(17) a. The tourists walked their feet *(sore).
b. The joggers ran their Nikes *(threadbare).
(18) a. The joggers ran the pavement *(thin).
b. The rooster crowed the children *(awake).

shout, walk, run などの非能格動詞は，動詞句シェル構造の V_1 の位置に基底生成されると仮定しよう．すなわち，《動作主》の項だけを含む (19) のような項構造をもつと考えることにする．(Chomsky (1995) は，上位動詞の v は機能範疇的性質をもつと考えている．これに対して，われわれは上位動詞の位置にも動詞が基底生成されると仮定する．これが v の表記を採用しない1つの理由である．) なお，非能格動詞は，Burzio の一般化(主語に主題役を与えることができる動詞だけが，補部名詞句に目的格を与えることができるとする原則)にしたがって，格照合のための素性を(随意的に)もつと仮定しておく．

(19)　$[_{VP1}\ x\ [_{V'_1}\ V_{1([+F])}]]$

(16)–(18) の (a) 文は，次のような構造をもつと考えられる．

(20)　$[_{VP1}\ \text{Dora}\ [_{V'_1}\ \text{shouted}_{[+F]}\ [_{VP2}\ \text{herself}\ [_{V'_2}\ V_2\ \text{hoarse}]]]]$
(21)　$[_{VP1}\ \text{the tourists}\ [_{V'_1}\ \text{walked}_{[+F]}\ [_{VP2}\ \text{their feet}\ [_{V'_2}\ V_2\ \text{sore}]]]]$
(22)　$[_{VP1}\ \text{the joggers}\ [_{V'_1}\ \text{ran}_{[+F]}\ [_{VP2}\ \text{the pavement}\ [_{V'_2}\ V_2\ \text{thin}]]]]$

(20)–(22) では，非能格動詞 V_1 が VP_2 を補部としてとることによって，通常の動詞句シェルと同じ構造ができあがっている．(細かく言うと，理論的には空動詞の V_2 が V_1 の位置に繰り上がる操作が仮定される．この操作の適用に関しては，Hasegawa (1998) および Kaga (1999) を参照のこと．) 動詞に後続している名詞句は，この構造のなかで VP_2 の指定部の位置を占めることによって，影響を受けた《場所》の解釈が与えられる．また，《存在者》の項には「特性」を表す要素が現れているので，VP_2 の部分は，〈被動作主〉–〈結果〉の読みを行なうのが自然である．したがって，全体として結果構文の解釈が出てくることになる．格照合については，上で仮定したように，V_1 が格素性をもっているので，他動詞の場合と同様な形で行なうことができる．なお，(16) の herself や themselves は，「見せかけ」(fake) の再帰代名詞と呼ばれることがあるが，これらは結果構文のなかで影響を受けた《場所》の役割を担う重要な要素であり，当然ながら省略することはできない．

次に，非文法的な結果構文に目を移すことにしよう．まず，知覚動詞，認識動詞，受容動詞などを含む結果構文は，非文法的である．

(23) a. *Medusa saw the hero into stone. (= (2a))
　　 b. *He believed the idea powerful. (Goldberg 1995)
　　 c. *Max received the letter flat. (Jackendoff 1990)

これらの動詞はいずれも，影響を受けた《場所》の要素を主語としている．see と believe の主語は〈経験者〉であり，receive の主語は〈受取手〉である．そして，目的語は〈主題〉要素，すなわち《存在者》であると解釈できる．そうすると，これらの動詞の項構造は (24) のようなものになる．

(24) $[_{VP1} V_1 [_{VP2} y_A [_{V'2} V_{2[+F]} z]]]$

ここでの V_1 は不活性な動詞で，《動作主》を投射せず，格素性をもっていない．かわりに，格素性は V_2 がもつと仮定する（v と V を区別する Chomsky (1995) とは異なり，下位動詞も格照合の素性をもてると仮定することが，本論で v と V を区別しないもう1つの理由である）．この構造から，影響を受けた《場所》の項は IP 指定部の位置に移動して，主格の照合を受け，一方，《存在者》の項は V_1 の位置に移動した V_2 の格素性によって，目的格の照合を受けることになる．ところで，(23) の文の結果句は，この項構造のなかにどのように位置づけられるであろうか．結果表現は《存在者》の役割をもつ，とわれわれは仮定している．したがって，(23) の結果句をあえて位置づけようとすると，次のような構造になる．

(25) a. $[_{IP}$ Medusa$_i$ $[_{I'}$ I $[_{VP1}$ saw$_{[+F]j}$-V_1 $[_{VP2} t_i [_{V'2} t_j$ the hero, into stone$]]]]]$
　　 b. $[_{IP}$ he$_i$ $[_{I'}$ I $[_{VP1}$ believed$_{[+F]j}$-V_1 $[_{VP2} t_i [_{V'2} t_j$ the idea, powerful$]]]]]$
　　 c. $[_{IP}$ Max$_i$ $[_{I'}$ I $[_{VP1}$ received$_{[+F]j}$-V_1 $[_{VP2} t_i [_{V'2} t_j$ the letter, flat$]]]]]$

(25a-c) は，《存在者》の項の位置に2つの要素を含んでおり，語彙要素と意味役割のあいだの1対1対応の原則が守られていないために，不適格な構造として排除される．(23) の結果構文が非文法的であるのは，このためであると考えられる．

次に，位置変化動詞についてみてみよう．(26) は自動詞の，(27) は他動詞の位置変化動詞が形容詞述語と共起している例であるが，いずれも結果の解釈では非文法的である．

(26) a. *He fell (down) dead. (Simpson 1983)
b. *She ascended sick. (Goldberg 1991)
(27) a. *Jill took the child ill. (= (2b))
b. *Sharon brought Willa breathless. (L & RH 1995)

位置変化を起こす主体は，〈主題〉，すなわち《存在者》の役割をもつと分析される．そうすると，(26) と (27) の (a) 文の構造は，それぞれ (28) と (29) のようになり，《存在者》の位置がやはり2つの要素によって占められてしまう．この構造は不適格であるため，(26) と (27) の結果構文は非文法的である．

(28) [$_{IP}$ he$_i$ [$_{I'}$ I$_{[+F]}$ [$_{VP1}$ fell$_j$-V$_1$ [$_{VP2}$ t_i [$_{VP2}$ (down) [$_{V'2}$ t_j t_i, dead]]]]]]
(29) [$_{VP1}$ Jill [$_{V'1}$ took$_{[+F]i}$-V$_1$ [$_{VP2}$ (somewhere) [$_{V'2}$ t_i the child, ill]]]]

一見したところ，次の (30a, b) の例は，この分析の反例になるように思われる．(27a, b) と同様に，目的語が位置変化主体であるようにみえるけれども，(27a, b) とは異なり，これらの文は文法的な結果構文と判断されるからである．(27a, b) と (30a, b) では，どこに違いがあるのであろうか．

(30) a. He pushed her to death. (Goldberg 1991)
b. The horses dragged the logs smooth. (= (1b))

push や drag は位置変化動詞のようにみえるが，実はそうではない．Levin (1993) の動詞の分類にあるように，これらは力行使（exerting force) 動詞と呼ぶべき動詞である．たしかに，物体に力を加えれば，物体が移動する(ことがある)けれども，これらの動詞で本来的に焦点があてられるのは，物体に力が加わる側面である．したがって，これらの動詞がもつ語彙的な項構造は，打撃・接触動詞のそれに近いと考えられる((9)を参照)．この点で，〈主題〉要素の移動を本義とする位置変化動詞とは，区別される．(30a) の構造は次の (31) のようになり，これは適格な構造である．

(31)　[$_{VP1}$ he [$_{V'1}$ pushed$_i$-V$_1$ [$_{VP2}$ her [$_{V'2}$ t_i to death]]]]

push や drag が本来的に位置変化動詞でないことは，日本語の「?*部屋のなかに荷物を押した / 引きずった」などの文が不自然なことからもうかがうことができる．日本語では，本来的に移動を表す動詞は，自由に着点の「〜に(へ)」句をとれるのに対して，移動の様態を主として表す「歩く」や「泳ぐ」などをはじめとして，本来的な移動動詞でないものは着点句をとれないことが知られている(Yoneyama (1985)，影山 (1996) などを参照)．push と drag に相当する日本語の「押す」と「引きずる」が着点要素をとれないという事実は，これらの動詞が本来的な移動(位置変化)動詞でないことを示唆していると考えられる．

push と drag が目的語として《場所》要素をとることができるのは，動能構文の可能性をみることでも確認することができる．打撃・接触動詞のところで，《場所》の項が前置詞句として生起した場合に動能構文になる例をみたが，動能構文の at や on の前置詞句は，単純な《場所》の具現形であると考えることができる．そうすると，動詞が動能交替を許すということは，当該の項が《存在者》ではなくて《場所》要素であるということの証拠となる．この観点から push / drag と take / bring を比較してみると，やはり前者の動詞だけが動能交替を許すという結果が得られる．

(32)　a.　Nora pushed at the chair.　　　　　　(Levin 1993)
　　　b.　Mary dragged at his collar / arm.
(33)　*Nora took / brought at the book (to the meeting).
　　　　　　　　　　　　　　　　　　　　　　(Levin 1993)

次に，(34)のようなタイプの非文法的な結果構文について考えてみよう．おもしろいことに，同じ動詞を含んでいるにもかかわらず，(35)の結果構文は文法的である．なぜ(34)はよくないのであろうか．

(34) a. *The boulders rolled the hillside bare. (*cf.* (2c))
 b. *The rice slowly cooked the pot black. (L & RH 1995)
(35) a. The kids rolled the hillside bare.
 b. Fred cooked the stove black. (Jackendoff 1990)

無生物の主語を含む(34)の roll と cook は，非対格動詞である．(34a)の主語 the boulders は，位置変化主体として《存在者》の役割をもち，(34b)の主語 the rice は，状態変化主体として影響を受けた《場所》の役割をもつと考えられる．これに対して，(35)の主語は意志的な行動をとる人間であり，《動作主》と解釈することができる．そうすると，(35a)の roll は非能格動詞であり，(35b)の cook は，他動詞の(目的語省略による)自動詞用法であると考えられる．これを構造で表すと(36), (37)のようになるが，(36a, b)は，それぞれ《存在者》と《場所》の項の位置が2つの要素によって占められることになるために，不適格である(なお，(36a, b)には目的格の照合が適正に行なわれないという問題もある)．

(36) a. [$_{IP}$ the boulders$_i$ [$_{I'}$ I$_{[+F]}$ [$_{VP1}$ rolled$_j$-V$_1$ [$_{VP2}$ t_i [$_{V'2}$ the hillside [$_{V'2}$ t_j t_i, bare]]]]]]
 b. [$_{IP}$ the rice$_i$ [$_{I'}$ I$_{[+F]}$ [$_{VP1}$ cooked$_j$-V$_1$ [$_{VP2}$ t_i, the pot [$_{V'2}$ t_j black]]]]]
(37) a. [$_{VP1}$ the kids [$_{V'1}$ rolled$_{[+F]}$-V$_1$ [$_{VP2}$ the hillside [$_{V'2}$ V$_2$ bare]]]]
 b. [$_{VP1}$ Fred [$_{V'1}$ cooked$_{[+F]}$-V$_1$ [$_{VP2}$ the stove [$_{V'2}$ V$_2$ black]]]]

次の(38a, b)の文法性の対立も，同様な説明が可能である．(38)は動詞 shoot を含んだ結果構文であるが，主語に銃の撃ち手がきている(38b)が文法的であるのに対して，銃弾が主語になっている(38a)は非文法的である．

(38) a. *A bullet shot the bear dead.

b. John shot the bear dead.

この文法性の違いもまた，(38b)の主語が《動作主》であるのに対して，銃口から熊のところまで「移動」する(38a)の主語の銃弾は，〈主題〉すなわち《存在者》であるという，意味役割の違いに求めることができる．それぞれの文の構造は(39a, b)のようになる．

(39) a. [$_{IP}$ a bullet$_i$ [$_{I'}$ I$_{[+F]}$ [$_{VP1}$ shot$_j$-V$_1$ [$_{VP2}$ t_i [$_{VP2}$ the bear [$_{V'2}$ t_j t_i, dead]]]]]]
b. [$_{VP1}$ John [$_{V'1}$ shot$_{[+F]i}$-V$_1$ [$_{VP2}$ the bear [$_{V'2}$ t_i dead]]]]

創造動詞と破壊動詞について考えてみよう．次の例でみるように，この両者とも結果構文には現れることができない．

(40) a. *Graham Bell invented the telephone useful.
(Horita 1995)
b. *He created a drama famous. (*ibid.*)
(41) a. *Harry destroyed the car into bits. (Jackendoff 1990)
b. *The builders destroyed the warehouse flat.
(Levin 1993)

創造動詞の目的語となる結果物は，《存在者》として位置づけられることをわれわれは第2章で論じた．一方，destroyなどの破壊動詞は，一見したところ状態変化動詞の下位種のように思われるが，実はそうではない．destroyの英英辞典での定義が "to cause (something) to exist no longer" や "to put an end to the existence of (something)" などになっていることでわかるように，破壊動詞の目的語は，この世界から消え去る要素を表す．創造動詞の目的語は，この世界に新しく存在することになるものという意味で，《存在者》であるとわれわれは考えたが，破壊動詞の目的語は逆に，この世界に存在しなくなるものという意味で，やはり《存在者》の意味役割をもつと考えることができる．そうすると，これらの動詞を含む(40a)と(41a)の構造は次のようになる．そして，この構造は，《存在者》の項に要素が重複してしまうので，不適格である．

(42) a. [$_{VP1}$ Bell [$_{V'_1}$ invented$_{[+F]i}$-V$_1$ [$_{VP2}$ [$_{V'_2}$ t_i the telephone, useful]]]]
   b. [$_{VP1}$ Harry [$_{V'_1}$ destroyed$_{[+F]i}$-V$_1$ [$_{VP2}$ [$_{V'_2}$ t_i the car, into bits]]]]

(Jackendoff (1990) は，(41a) がよくないのは，destroy の意味のなかにすでに「粉々」という意味が入っているために，into bits を付加すると余剰性が生まれてしまうからであると考えている．しかし，Brutus killed Julius Caesar dead. (Levin 1993) のような文が十分可能であるところをみると，余剰性に基づいた説明は疑わしいように思われる．)

最後に，結果構文に関する議論でしばしば問題となる，前置詞の有無の問題について考えてみよう．(43) にみるように，結果句の意味上の主語になる要素は，前置詞句に埋め込まれていてはならない．

(43) a. The silversmith pounded (*on) the metal flat.
   　　　　　　　　　　　　　　　　　　　　　　(L & RH 1995)
   b. I shot (*at) the wolf dead.　　　　(Rapoport 1993)

前置詞が現れると結果構文が非文法的になるという事実は，これまで，統語論および意味論の観点からさまざまに説明されてきている．われわれの枠組みでは，この事実は次のように扱うことができる．結果構文に含まれる状態変化主体，すなわち〈被動作主〉は，定義上，影響を受けた《場所》の要素であるので，構造的具現化原則 (第2章の (54)) により，前置詞句ではなく名詞句として生起しなければならない．つまり，(43a, b) で前置詞が現れた文が許されないという事実は，第2章で仮定した構造的具現化原則から得られる自動的な帰結である．

本節では，動詞の種類により，結果構文の文法性がどのように変わるかを観察したうえで，動詞句シェルを利用した意味役割理論を枠組みとして，原理的な説明を試みた．

3.2 二重目的語構文

本節では，二重目的語構文について考察する．われわれの枠組みでは，

たとえば (44a) の文は (44b) のような構造が付与される（議論の都合上，下位動詞が上位動詞の位置に移動していない構造を示してある）．

(44) a. John gave Mary a book.
　　 b. [$_{VP1}$ John [$_{V'1}$ V$_{1[+F]}$ [$_{VP2}$ Mary [$_{V'2}$ gave$_{[+F]}$ a book]]]]

主語の John が《動作主》，間接目的語の Mary が《場所》，直接目的語の a book が《存在者》の意味役割をもつと解釈される．二重目的語構文が他の構文と異なるのは，目的語が2つ生起するという点である．この特性を説明するために，give などの二重目的語構文をとる動詞は，目的格を照合する素性を2つもつことができると仮定する．具体的には，(44b) で示すように，上位動詞 V$_1$ と下位動詞 V$_2$ がそれぞれ1個ずつ，格照合素性をもつと仮定したい．そして，実際の格照合は，下位動詞が上位動詞 V$_1$ の位置に移動した後に，間接目的語と直接目的語の格素性が，その順番で V$_1$ の位置に移動することによって行なわれると考えることにする（V$_2$ が V$_1$ に付加されるときにどういう構造が生み出されるかなどの問題は，残念ながら，ここではふれている余裕がない）．

一方，前置詞句を含む (45a) のような与格構文は，(45b) の構造をもつと仮定される．

(45) a. John gave a book to Mary.
　　 b. [$_{VP1}$ John [$_{V'1}$ V$_1$ [$_{VP2}$ to Mary [$_{V'2}$ gave$_{[+F]}$ a book]]]]

ここでは，格照合のための素性が，下位動詞にのみ含まれている点に注意してほしい．この構造から，a book が（短距離）スクランブリングによって to Mary の上位に移動し，また，下位動詞が上位動詞の位置に移動することによって，(46) の構造が派生される．

(46) [$_{VP1}$ John [$_{V'1}$ gave$_{[+F]i}$-V$_1$ [$_{VP2}$ a book$_j$ [$_{VP2}$ to Mary [$_{V'2}$ t_i t_j]]]]]

(46) の構造において，目的語 a book の格素性が上位動詞の位置に移動して，gave がもつ格素性によって照合を受けることになる．この構造では，格照合を受けられる目的語が1個に限られるので，もう一方の《場

所》要素は，前置詞句として生起していなくてはならない．

　give のような与格交替動詞における，格照合素性の分布についてまとめておくと，われわれは次のように仮定していることになる．下位動詞の位置には，つねに格照合素性が生ずるのに対して，上位動詞の位置には，随意的に格照合素性が生ずる．つまり，上位動詞の位置に格照合素性が生じた場合には，二重目的語構文になり，生じなかった場合には，前置詞与格構文になるという筋書きである．

　与格構文の研究において，古くから議論されている1つの問題として，二重目的語構文と前置詞与格構文は，基底構造を共有しているか否かという問題がある．この問題に対して，われわれは次のように答えることができる．マクロな意味役割のレベルでは，両構文は同一の項構造を有している．すなわち，動詞 give は，(44a) と (45a) の両方の文において，同様に《動作主》《場所》《存在者》の3つの項を選択している．両構文で異なっているのは，《場所》の項を占める要素の解釈である．その要素が影響を受けた《場所》と解釈されれば，構造的具現化原則(第2章の(54))にしたがって名詞句として具現し，二重目的語構文になるのに対して，単純な《場所》と解釈されれば，前置詞句として生起し，前置詞与格構文になる．

　われわれの分析では，次のような文にみられる文法性の対立と解釈の違いを容易にとらえることができる．

(47)　a.　I threw {John / *the 50-yard line} the ball.
　　　b.　I threw the ball to {John / the 50-yard line}.

まず，the 50-yard line のような地点を表す要素は，単純な《場所》としてのみ解釈可能であるので，具現化原則により，つねに前置詞句として生起しなければならない．したがって，(47a) のように間接目的語名詞句としては生ずることができない．一方，人を表す John のような要素は，間接目的語としても与格前置詞句としても，生ずることができる．ただし，間接目的語として生ずる場合は，影響を受けた《場所》として〈受取手〉ないし〈所有者〉の解釈を受けるのに対して，与格前置詞句として生ずる

場合は，単純な《場所》として〈着点〉ないし〈場所〉の解釈が与えられることになる．ボールが実際にジョンに届いたという含意を，(47a)のほうが(47b)よりも強くもつという，よく知られた意味的な差異は，ここから出てきていると考えることができる．このように，われわれの枠組みでは，二重目的語構文と前置詞与格構文がある面では強い共通性をもちながらも，意味的には異なった側面もみせるという事実を，両構文はマクロな意味役割のレベルで基底構造を共有するのに対して，ミクロな意味役割のレベルでは《場所》の項が異なる意味役割をもつと考えることにより，うまくとらえることができる．

　二重目的語構文に生ずることができる動詞の種類について考えることにしよう．まず，いわゆる受益構文に関しては，先行研究において(Green (1974), Pinker (1989), Gropen et al. (1989), Levin (1993) などを参照)，獲得動詞 (verbs of obtaining) と創造動詞 (verbs of creation) の2種類が生起できる動詞であることが報告されている．(48)と(49)にそれぞれの例をあげる．

(48) a. Mary bought John a car.
　　　b. Arthur will get Joan the recommendations.
　　　c. Selling cookies will earn John enough to buy a bike.
(49) a. Mary baked John a cake.
　　　b. The contractor will build you a house for $100,000.
　　　c. Jack carved Jill a statue.

これに対して，(50)の各文に含まれているのは，獲得ないし創造の意味をもたない動詞であるが，これらの動詞では受益二重目的語構文が成立しない．この場合は，(51)のように前置詞 for を含む構文を用いる必要がある．

(50) a. *I closed Mary the door.　　　　　(Shibatani 1996)
　　　b. *I swept Mary the garden.　　　　　　(*ibid.*)
　　　c. *Beth jumped Harriet the puddle.　(Jackendoff 1990)
(51) a. I closed the door for Mary.

b. I swept the garden for Mary.
　　　c. Beth jumped the puddle for Harriet.

　(50)の二重目的語構文は，なぜ成立しないのであろうか．この種の問題を掘り下げて考察している論考としては，これまでに Goldberg (1992, 1995) や Shibatani (1994, 1996) などがある．しかし，ここでそれらの研究を検討している余裕はないので，さっそくわれわれの枠組みに沿った説明をみることにしよう(先行研究の概観とその問題点の指摘については，加賀 (1997) を参照されたい)．

　(48)の獲得動詞の例と(49)の創造動詞の例をみて気がつくのは，その直接目的語要素がいずれも，われわれの枠組みでは《存在者》と分析される成分であるということである．(48)では所有領域における移動主体として，(49)では新たに存在することになる結果物として，それらはまぎれもなく《存在者》である．一方，間接目的語の〈受益者〉要素は影響を受けた《場所》の役割をもつから，たとえば (48a) と (49a) の文はそれぞれ次のような構造をもつことになる．

　(52)　[$_{VP1}$ Mary [$_{V'_1}$ bought$_{[+F]i}$-V$_{1[+F]}$ [$_{VP2}$ John [$_{V'_2}$ t_i a car]]]]
　(53)　[$_{VP1}$ Mary [$_{V'_1}$ baked$_{[+F]i}$-V$_{1[+F]}$ [$_{VP2}$ John [$_{V'_2}$ t_i a cake]]]]

この構造において，間接目的語 John の格素性は V$_1$ の格照合素性によって，直接目的語 a car / a cake の格素性は bought / baked の格照合素性によって，それぞれ照合を受ける．このように，(48)と(49)の各文は，それぞれの項が適切な形で満たされている構造をもち，格照合も適正に行なわれるので，文法的である．

　これに対して，(50)の各文の(直接)目的語は，《場所》と分析されるべき成分である．(50a) の the door は，動詞 close が表す状態変化をこうむる要素であり，(50b) の the garden は，働きかけ動詞 sweep が表す作用を受ける要素である．また，(50c) の the puddle は，Beth が跳び越えた場所を表している．これらの要素が，われわれの分析のもとで《場所》の役割をもつことは，(54) の構文が可能であることからも確認することができる．

(54) a. I closed the door shut.
b. I swept the garden clean.
c. Beth jumped over (*or* across) the puddle.

(54a, b) は結果構文である．3.1 節でみたように，状態変化を起こす主体は影響を受けた《場所》の要素であるから，それぞれ close と sweep の目的語である the door と the garden は，《場所》と分析されなければならない．(54c) には，場所を表す前置詞が現れている．このように，場所の前置詞句と交替するということは，(50c) の the puddle もやはり《場所》要素であると考えられる．

(50) の各文の(直接)目的語が《場所》であるとすると，それらの要素が間接目的語と共起できないのは，間接目的語の〈受益者〉要素も同じく《場所》であるという理由によると考えられる．つまり (50) の各文は，《場所》の項に要素が重複する，次のような不適格な構造をもつことになる．

(55) a. [$_{VP1}$ I [$_{V'1}$ closed$_i$-V$_{1[+F]}$ [$_{VP2}$ Mary, the door [$_{V'2}$ t_i]]]]
b. [$_{VP1}$ I [$_{V'1}$ swept$_i$-V$_{1[+F]}$ [$_{VP2}$ Mary, the garden [$_{V'2}$ t_i]]]]
c. [$_{VP1}$ Beth [$_{V'1}$ jumped$_i$-V$_{1[+F]}$ [$_{VP2}$ Harriet, the puddle [$_{V'2}$ t_i]]]]

したがって，獲得ないし創造の意味をもたない close, sweep, jump などの動詞は，二重目的語構文に生ずることが許されない．それらの動詞が用いられた場合に受益の意味を出すためには，前置詞 for を含む (51) の構文に頼ることになる．ちなみに，受益者を表す for の前置詞句は，付加詞要素であり，項要素ではないために，間接目的語が受ける上述したような項構造の制約は，受けないと考えられる．

二重目的語の受益構文に生起できる動詞は，(直接)目的語として《存在者》を選択する獲得動詞ないし創造動詞であることをみた．ところが，よく知られているように，獲得動詞ないし創造動詞でありながら，二重目的語構文に生起できない動詞もある．purchase / obtain や create / construct などの動詞である (例文は Gropen et al. (1989), Goldberg (1992), Levin (1993) から引用)．

(56) a. Chris purchased {*Tom some food / some food for Tom}.
b. Carmen obtained {*Mary a spare part / a spare part for Mary}.
(57) a. Sally created {*Tom a new drama / a new drama for Tom}.
b. David constructed {*the couple a house / a house for the couple}.

purchase / obtain はそれぞれ buy / get に意味が近く，create / construct は make / build に意味が近い．したがって，選択される項の意味役割という点で違いはないと考えられるが，二重目的語構文を許すのは，後者の動詞群だけである．これは，なぜであろうか．

また，与格動詞のなかにも，二重目的語構文を許さないものがある．donate / demonstrate などの動詞である．

(58) a. I donated {*the library a book / a book to the library}.
b. Kate demonstrated {*Alan the technique / the technique to Alan}.

donate は give に，demonstrate は show に，それぞれ意味が近いと考えられるが，前者は後者と異なり，二重目的語構文を許容しない．どうしてなのであろうか．

この問題に対してしばしば持ち出される解決策の1つに，動詞の語源に着目するアプローチがある(Green (1974), Oehrle (1976), Stowell (1981), Gropen et al. (1989) などを参照)．与格動詞，獲得動詞，創造動詞のなかで，二重目的語構文に現れることのできない動詞(の大部分)はラテン語起源である，という観察がある．この観察に基づいて，二重目的語構文を成立させる要件として，動詞がラテン語起源ではないという条件を含めようというのが，その内容である．たしかに，意味的に二重目的語構文に現れても不思議ではないのに，実際には生じないという動詞は，圧倒的にラテン語起源のものが多い．Levin (1993) からそのような動詞の例を一部引用しただけでも，次のような小さくないリストができあがる((59a) は与格動詞，(59b) は獲得動詞ないし創造動詞の例である)．

(59) a. address, announce, convey, contribute, deliver, demonstrate, dictate, display, distribute, donate, express, explain, explicate, illustrate, introduce, narrate, recite, recommend, report, submit, transfer, transport, etc.
b. accept, acquire, borrow, collect, compose, construct, create, designate, favor, form, invent, manufacture, obtain, organize, prefer, produce, purchase, seize, select, etc.

ただし，この語源に基づく説明は，(i)ラテン語起源の動詞はなぜ二重目的語構文を許さないのかという問いには，直接的に答えていないこと，(ii)ラテン語起源の動詞であるのに，二重目的語構文を許すものが少数ながら存在すること(assign, allot, guarantee のような将来的入手（future having）動詞など)などの理由により，十分満足できる解決策であるとは，これまで考えられてきていないふしがある．しかし，意味的には二重目的語構文に生起してもおかしくないラテン語起源の動詞の大部分が，実際は生じないという事実は，単なる偶然であるとは考えにくい．上記(ii)のような例外的事例はあるけれども，ラテン語起源であるかどうかが，動詞の二重目的語構文への生起可能性を決めるきわめて大きな要因になっていることは，間違いがないと思われる．

ここでは，語源に基づく説明を正しい方向のアプローチであると認めたうえで(ただし，上記(ii)の例外的事例は将来の問題として残る)，動詞がラテン語起源であることは，その動詞の格特性に反映されるという提案を行ないたい．われわれは，二重目的語構文に現れる動詞は，下位動詞と上位動詞の位置にそれぞれ格照合素性を1つずつもつと仮定した．これに対して，ラテン語起源の動詞は，上位動詞の位置にのみ格照合素性をもつことができると仮定しよう．（ラテン語起源の動詞が格照合素性を1つしかもてないとする仮定がもし正しいとすると，それはラテン語を源とするロマンス系言語が，二重目的語構文をもっていないという事実と関連している可能性がある．ただし，現時点では，その関連づけはただの推測にすぎない．）そうすると，たとえば(58a)の文は次の(60a, b)の構造をもつことになる．

(60) a. [$_{VP1}$ I [$_{V'1}$ donated$_i$-V$_{1[+F]}$ [$_{VP2}$ the library [$_{V'2}$ t_i a book]]]]
b. [$_{VP1}$ I [$_{V'1}$ donated$_i$-V$_{1[+F]}$ [$_{VP2}$ a book$_j$ [$_{VP2}$ to the library [$_{V'2}$ t_i t_j]]]]]

　(60a) と (60b) の構造は，それぞれの項が1つずつの要素によって占められているという点では，同様に適格である．しかし，(60a) で the library が V$_1$ の格照合素性による照合を受けてしまうと，ほかに目的格照合素性が存在しないために，a book が格照合を受けられずに残ってしまう．したがって，この二重目的語構文は非文法的な文として排除されることになる．一方，(60b) の構造では，a book だけが目的格の照合を受ければよいので，格照合が適正に行なわれ，その結果，文法的な前置詞与格構文が派生されることになる．

　このように，ラテン語起源の動詞は，格照合素性を1つだけもつことができると仮定することで，それらの動詞が二重目的語構文には生じないという事実が説明できる．ただし，このように述べただけでは，それが本当の意味での説明であるとは考えられないであろう．格照合素性の数に関するわれわれの仮定は，二重目的語構文の事実を説明するためには都合がよいけれども，それ以外にはとくに根拠のない規定であるように思われるからである．また，ラテン語起源の動詞は，格照合素性を下位動詞ではなく，上位動詞の位置にもつと仮定しているけれども，これも単なる仮定にすぎないようにみえる．たしかに現時点では，これらの仮定は独立の根拠と言えるものを与えられていない．しかし，次の3.3節において英語の中間構文の文法性を論じるなかで，われわれはこれらの仮定を支持すると思われる証拠をみることになる．すなわち，ラテン語起源の動詞に関してここで行なったような仮定をしておくと，中間構文におけるそれらの動詞の振る舞いが，簡明かつ自然な形で説明できるという利点が得られる．したがって現時点では，(59) にあげたようなラテン語起源の動詞は，上位動詞の位置に格照合素性を1つだけもつと単に仮定しておき，それを証拠立てる議論は3.3節をまつことにしたい．

　次に，以下の (61)–(63) のような例にみられる文法性の対立について

考えることにしよう((62b) は Takami (1997) から, (63b) は Oehrle (1976) から, (63c) は Johnson (1992) から, それ以外の例文は Green (1974) から引用).

(61) a. Mary gave {John a kick / *a kick to John}.
b. Mary gave {John a punch in the nose / *a punch in the nose to John}.
c. We gave {the door a kick / *a kick to the door}.
(62) a. Mary gave {John a cold / *a cold to John}.
b. Drinking gave {John cirrhosis / *cirrhosis to John}.
c. Mary gave {John a sense of well-being / *a sense of well-being to John}.
(63) a. Mary's behavior gave {John an idea / *an idea to John}.
b. Lipson's book taught {Mary Russian / *Russian to Mary}.
c. Your article showed {Henry a problem / *a problem to Henry}.

これらの例ではいずれも, 対をなしている二重目的語構文と前置詞与格構文のうちの, 二重目的語構文だけが文法的である. このような事実の指摘およびその説明の試みは, Green (1974) に始まり, たくさんの学者によって行なわれてきているが(最近の研究としては, Pesetsky (1995) と Fujita (1996) の統語論的説明や, Takami (1997) の認知論的説明を参照されたい), ここでもそれらの先行研究を概観している余裕はないので, さっそくわれわれの枠組みに基づく分析をみることにしよう. なお, 先行研究の批判的検討に関しては, Kaga (2001) を参照).

われわれは, 《場所》の項に関して構造的具現化原則(第2章の(54))を仮定している. すでにいくつかの事例でみたように, 名詞句と前置詞句が交替したり, あるいは, そのどちらかの生起が制限されたりという場合には, この構造的具現化原則がかかわっていることが考えられる. (61)-(63)の例に即して具体的に言うと, これらの例では《場所》の項がいずれも単純な《場所》ではなく, 影響を受けた《場所》と解釈されるべき要素であるので, 前置詞句ではなく, 名詞句として生起する必要があるとい

う説明が考えられる．例文を個々にみて，確認してゆくことにしよう．

(61a, b) の John と (61c) の the door は，「蹴り」ないし「パンチ」を受ける主体である．他動詞 kick の目的語と同じように，これらは〈被動作主〉とみなされるから，影響を受けた《場所》の要素である．(62a, b) の John は病気になる主体である．これも〈被動作主〉として影響を受けた《場所》の要素とみなければならない．(62c) の幸福感を得る John は，精神的な変容を受けるという意味で〈経験者〉とみるのが適当であろう．やはり，影響を受けた《場所》の要素である．(63a) の John，(63b) の Mary，(63c) の Henry はアイディアや知識を得たり，問題を理解したりする人を表している．これらの人は〈経験者〉ないし抽象的なレベルでの〈受取手〉とみなされる．したがって，やはり影響を受けた《場所》の要素である．このように，(61)–(63) の文が表す状況において，与格を担う要素はいずれも，影響を受けた《場所》と分析されなければならない．構造的具現化原則をふまえると，これが，(61)–(63) において前置詞与格構文が許されず，二重目的語構文だけが文法的となる理由であると考えることができる．

(62), (63) の文の主語は，〈動作主〉というよりは〈原因〉(Cause) ととらえるべき要素である．おもしろいことに，(63a-c) の文の主語を意図的な〈動作主〉要素に換えると(なお，(62a-c) の主語は，これらの文で記述されている出来事の性質上，意図的な〈動作主〉に換えることはむずかしいと思われる)，二重目的語構文に加えて，前置詞与格構文も文法的になる．

(64)　　a.　Mary gave an idea to John.
　　　　b.　John taught Russian to Mary.
　　　　c.　You showed a problem to Henry.

(63) と (64) の違いは，次のように考えることができる．(64a-c) の文で表されているのは，主語の〈動作主〉による情報や知識の伝達(を意図した)行為である．この場合に，与格要素は，その移動する情報や知識の最終目標地点として，〈着点〉(したがって，単純な《場所》)の役割をもつ

とみなされる．これに対して，(63a-c) の文における与格要素は，〈動作主〉による伝達行為を受動的に待つのではなく，自らその精神的ないし肉体的能力を活用することによって，すすんで情報や知識を獲得する(努力を行なう)必要がある．主語が積極的な働きかけをする〈動作主〉ではなく，潜在的にそのきっかけを与える〈原因〉にすぎないからである．(63a) の John は，Mary の振る舞いを観察することによりアイディアを獲得し，(63b) の Mary は，Lipson の本を読んで学習することによりロシア語を身につけ，(63c) の Henry は，記事(あるいは論文)を読むことをとおして問題点に気づく必要がある．このように，(63a-c) の与格要素は，情報や知識の単なる終着点ではなく，意識的な精神作用をとおして情報や知識を獲得する主体である．したがって，この要素は〈経験者〉とみるのが妥当であり，構造的具現化原則により，名詞句として生起しなくてはならない．

　本節では，二重目的語構文および前置詞与格構文で観察される多様な文法性に対して，前章で提案した意味役割理論をもとに，動詞の格特性，ラテン語起源動詞にかかる制約，構造的具現化原則などを利用することにより，原理的な説明を与えることをめざした．

3.3　中間構文

　本節では，英語の中間構文について考察する．とりわけ，この構文に生起できる動詞と生起できない動詞を原理的に見分けることを目標とする．
　たとえば，(65a, b) の文が中間構文であるが，この構文では，本来，他動詞の目的語として現れるはずの要素が主語の位置に生じている．

(65)　a.　Bureaucrats bribe easily.
　　　b.　The wall paints easily.

われわれの枠組みにおいては，中間構文は (66) のような統語構造をもつ文であると特徴づけることができる．(中間構文では，easily などの副詞の生起がほぼ義務的であるが，それらの副詞要素の役割および統語的位置づけに関しては，ここで議論している余裕はない．中間構文の総称文

(generic sentence) 的性格の本質がどこにあるのかという問題とあわせて，別の機会に議論を行なう必要がある．なお，中間構文の統語的分析を行なっている最近の研究としては，Fujita (1994), Matsumoto and Fujita (1995) などを参照．)

(66)　[$_{IP}$ the bureaucrats$_i$ [$_{I'}$ I [$_{VP1}$ bribe$_j$-V$_1$ [$_{VP2}$ t_i [$_{V'2}$ t_j]]]]]

まず，中間構文は，他動詞の上位動詞 V$_1$ を不活性 (inert) にする操作が適用された構文であると仮定する (Keyser and Roeper (1984) など参照)．したがって，中間構文の V$_1$ は，(i)《動作主》の項を投射しない，(ii) 目的格を照合するための格素性をもたない，という2つの特性を有する不活性な要素であることになる．中間構文では，とりわけ《動作主》の扱いに関することが問題になるが，目的を表す不定詞節のコントロールが中間構文では不可能であることなどを証拠に Keyser and Roeper (1984) などが主張しているように，《動作主》の項は少なくとも，統語レベルでは存在しないと考える．

　上位動詞のこの特性を仮定すると，動詞の目的語は，動詞句内では格の照合を受けられないので，(66) の the bureaucrats (賄賂を受ける〈受取手〉ないし〈受益者〉という意味で，《場所》要素と仮定する）のように，IP の指定部の位置に移動して，主格の照合を受けなければならない．そうすると，中間構文は統語構造の面では，非対格動詞を含む文 (本章 (8a) などを参照) とほぼ同じであることになる．(中間構文と非対格構文の違いは，表される状況のとらえ方にあると考えられる．非対格構文は，(〈動作主〉が介在することなく）自発的ないし自然発生的に起こった状況であるというとらえ方をする場合に用いられるのに対して，中間構文は，それが生ずるためには〈動作主〉の介在がどうしても必要であるとみなされる状況でありながら，あえて〈動作主〉を前面に出すことなくその状況を表現しようとするときに用いられると考えられる．そうすると，統語的な《動作主》の項を含まない中間構文では，意味的に〈動作主〉を「読み込む」必要が出てくる．中間構文のいわゆる総称時制や easily などの難易を表す副詞要素は，この意味的な〈動作主〉の読み込みを「助ける」働きをし

ていると考えられる．ただし，この点に関する詳しい議論は別の機会に譲らざるをえない．)

それでは，中間構文に生起できる動詞と生起できない動詞を具体的にみてゆくことにしよう．文法的な中間構文と非文法的な中間構文の対立として，従来の研究でしばしば引用される例に(67)と(68)のような文がある．

(67)　a.　This bread cuts well.
　　　b.　This wood splits easily.
　　　c.　The ground digs easily.
(68)　a.　*The dirtiness of New York notices easily.
　　　b.　*The Eiffel Tower sees easily (from my window).
　　　c.　*English learns easily.

文法的な(67a-c)で主語に立っているのは，動詞が表す行為から強い(物理的)影響を受ける要素である．一方，非文法的な(68a-c)では，動詞が認識や習得などの精神作用を表す種類のものであるから，主語にそのような影響が及ぶことはない．Hale and Keyser (1987), Roberts (1987), Fellbaum and Zribi-Hertz (1989) などは，この違いに着目して，影響を受けた項をとる動詞だけが中間構文に生ずることができる，という一般化を行なっている．(ただし，この一般化には，経験的に多くの反例が存在することがすでに指摘されている．Kusayama (1997) などを参照．)

(67)と(68)の文法性の対立は，われわれの枠組みでは次のように説明できる．まず，(67a-c)に含まれる動詞はどれも状態変化動詞であるから，その(本来の)目的語は《場所》要素として，VP_2の指定部位置に基底生成される．それらの動詞が中間構文に現れた場合は，(65a)の文(構造は(66))と同様の派生を経て，適格な構造を得ることができるため，それらの中間構文は文法的である．一方，(68a-c)の動詞は，認識ないし習得動詞である．これらの動詞がとる2つの項は，〈経験者〉と〈主題〉であると考えられ，その項構造は(69)のようなものになるとわれわれは仮定している(本章(24)を参照)．

(69) [$_{VP1}$ V$_1$ [$_{VP2}$ y$_A$ [$_{V'2}$ V$_{2\,[+F]}$ z]]]
(70) [$_{IP}$ the dirtiness of New York$_i$ [$_{I'}$ I [$_{VP1}$ notices$_j$-V$_1$ [$_{VP2}$ t$_j$ t$_i$]]]]

すなわち，上位動詞は不活性な要素で，《動作主》を投射せず，格照合素性をもっていない．目的格の照合素性は V$_2$ がもっており，影響を受けた《場所》の項と《存在者》の項は，ともに名詞句として具現する．この項構造から中間構文の構造(たとえば(70))を導くことは，できないと考えられる．上位動詞はすでに不活性であるから，あらためて不活性にする操作を適用する必要はないけれども，《場所》要素が存在するために，(最短連結条件に違反することなく)《存在者》要素が IP 指定部の位置に繰り上がることは不可能だからである．(《存在者》要素にスクランブリングを適用し，《場所》要素よりも上位に一度移動させてから IP 指定部の位置に繰り上げると，The dirtiness of New York notices him. のような文が派生されるが，このような文は，格の照合に関する別の制約によって排除されると考える．) また，(69)の《場所》の項を抑制するような操作(すなわち，下位動詞 V$_2$ を不活性にする操作)としてたとえば受動化があるが，-en の付加を含む受動化と異なり，動詞の形態的変化を伴わない中間構文の派生では，下位動詞レベルにそのような操作を適用することはできないと考えられる．したがって，結局，(70)の中間構文の構造を導き出すことはできない．そのため，notice, see, learn などの〈経験者〉を主語にとる動詞は，文法的な中間構文を形成できないことになる．

同様の理由により，主語に〈所有者〉や〈受取手〉などの《場所》要素をとる他動詞は，中間構文に現れないことが予測される．次の例は，その予測が正しいことを示している．

(71) a. *A VW owns easily.　　　　　　　(Fagan 1992)
　　　b. *Flowers receive with pleasure.　　(Fellbaum 1986)

次に，創造動詞は中間構文に生起できないという観察がある(Taniguchi (1994), Kusayama (1997) などを参照).

(72) a. *These cabinets build easily.

b. *A novel writes easily.
　　c. *Wool sweaters knit easily.

「この整理棚は組み立てやすい」や「小説は書きやすい」などの日本語の表現は自然であるから，(72a-c) の文に意味的な逸脱性があるとは考えられない．しかし，これらの英語の文は，すべて非文法的であると判断される．われわれの枠組みでは，この事実は次のように説明される．たとえば創造動詞 build の項構造は，(73) のような形になると仮定している．

　　(73) [$_{VP1}$ someone [$_{V'1}$ V$_{1([+F])}$ [$_{VP2}$ (y) [$_{V'2}$ build$_{[+F]}$ these cabinets]]]]

ここで，中間構文の構造を得るために，上位動詞を不活性にしてみよう．そうすると，《場所》の項の生起は随意的なので，《存在者》の these cabinets が唯一の項要素であることになり，それが IP 指定部の位置に移動すれば，適正な中間構文が派生できるように思われる．しかし，問題が 1 つ生ずる．下位動詞がもつ格照合素性である．創造動詞など二重目的語構文を許す動詞は，下位動詞の位置につねに格照合素性をもつと仮定したことを思い出してほしい．もし，these cabinets が IP 指定部の位置に移動して主格の照合を受けると，この下位動詞のもつ格照合素性が照合を行なえずに残るために，派生が収束 (converge) しないことになる．また，these cabinets が下位動詞の格照合素性により目的格の照合を受けてしまうと，その要素は IP 指定部の位置に移動して，主格の照合を受けることができなくなってしまう．さらに，格照合素性を消すために下位動詞を不活性にするような操作は，中間構文の派生では適用できないと考えられるので，build, write, knit などの創造動詞は，文法的な中間構文を形成できないと結論される．

　格照合素性に関して，創造動詞と同じパターンを有する与格動詞や獲得動詞でも，事情は同様である．二重目的語構文をとることができるこれらの動詞では，つねに下位動詞 V$_2$ が格照合素性をもつために，《存在者》の要素が IP 指定部の位置に繰り上がることが許されない．したがって，次のような文は非文法的である．

(74) a. *That kind of book gives easily (to children).
　　　b. *A cup of coffee offers easily (to a guest).
(75) a. *That book gets easily.
　　　b. *This car buys easily.

　動詞の格特性に着目するわれわれのここでの説明にとってたいへん興味深いのは，ラテン語起源の与格動詞や創造動詞，獲得動詞は，中間構文に生起できるという事実である．たとえば，ラテン語起源の donate, demonstrate, construct, obtain は，それぞれ意味的にほぼ対応する give, show, build, get などのゲルマン系の動詞とは異なり，文法的な中間構文を形成できる．

(76) a. The money donates easily.
　　　b. *The money gives easily (to church).
(77) a. This technique demonstrates easily.
　　　b. *This technique shows easily.
(78) a. That kind of house constructs easily.
　　　b. *That kind of house builds easily.
(79) a. That book obtains easily.
　　　b. *That book gets easily.

　3.2 節でわれわれは，ラテン語起源の与格動詞，創造動詞，獲得動詞(の多く)は，上位動詞にのみ格照合素性をもつと仮定した．したがって，二重目的語構文を許すゲルマン系の動詞とは異なり，ラテン語起源のそのような動詞では，二重目的語構文が許されないことになると説明した．この仮定にしたがえば，(76)–(79) の (a) の中間構文が文法的であるのは，予測できる事実である．すなわち，これらのラテン語起源の動詞は，下位動詞の位置に格照合素性をもたないために，上位動詞 V_1 が不活性になると，たとえば次のような適正な派生構造を得ることができる．つまり，《存在者》である the money は，動詞句内では格照合を受けられないため，IP 指定部に移動して主格の照合を受けることになる．

(80) $[_{IP}$ the money$_i$ $[_{I'}$ I $[_{VP1}$ donates$_j$-V_1 $[_{VP2}$ t_j $t_i$$]]]]$

3.2節で，ラテン語起源の与格動詞，創造動詞，獲得動詞は，上位動詞にのみ格照合素性をもつと仮定したが，その時点では，独立した根拠が与えられていない単なる仮定であった．しかし，そのように仮定することで，(76)–(79)にみる中間構文の事実をきわめて自然な形で説明することが可能になった．ひるがえって考えると，この(76)–(79)の事実は，ラテン語起源動詞の格照合素性に関するわれわれの仮定を支持する，独立の証拠であるとみることができる．

われわれの分析では，二重目的語構文を許容する動詞は，中間構文には生起できないことが予測される．(76)–(79)の(b)文でみるように，この予測はおおかた正しいと思われるが，この予測に反して，二重目的語構文と中間構文の両方に生起できる動詞がわずかながら存在する．たとえば，sellはそのような動詞の1つである．

(81) a. John sold Mary the camera.
b. This car sells easily.

(81b)の中間構文が文法的であるのは，しばしば指摘されるように，sellの対概念と考えられるbuyを含む中間構文(75b)が非文法的であることと対照的であり，興味深い事実である．また，readも二重目的語構文と中間構文の両方に生起できる．

(82) a. John read Mary his poems.
b. The book reads easily.

(82b)のようなreadを含む中間構文は，影響を受けた項をとる動詞だけが中間構文に生ずることができるという，Hale and Keyser (1987)などが行なった一般化に明らかに反する例となるが，まったく問題のない文である．

二重目的語構文と中間構文の両方に現れるsellやreadは，われわれの分析にとって大きな問題になるように思われる．これらの動詞は，二重目的語構文に生ずるという点では，下位動詞が格照合素性をもつと特徴づけられなければならないのに対して，中間構文に生ずるという点をみると，

下位動詞が格照合素性をもたないと考える必要がある．あきらかな矛盾が生じているように思われる．しかし，sell と read の用法をよく観察してみると，他の多くの与格動詞とは異なる特徴があることに気がつく．この2つの動詞は，(83)に示すような非対格動詞としての用法をもっているのである．一方，give や buy，または donate や demonstrate などの動詞には，この非対格動詞の用法はみられない．

(83)　a.　The car sold yesterday.
　　　b.　The message reads as follows.
(84)　a.　*The book gave (to Mary).
　　　b.　*The car bought immediately.
　　　c.　*The money donated (to church).
　　　d.　*The technique demonstrates as follows.

他の与格動詞とは異なり，sell や read が非対格動詞としての用法をもっている理由は，今のところ不明であるが，いずれにせよ，非対格用法をもつということは，それらの動詞は，上位動詞の位置にも下位動詞の位置にも格照合素性を含まない動詞句の構造をもてるということである．下位動詞を不活性にするような統語操作は存在しないという仮定を維持するならば，このことは，sell や read は語彙レベルですでにあいまいであり，下位動詞の位置に格照合素性をもつ用法と，下位動詞の位置に格照合素性をもたない用法の2つがあることを意味する．前者の用法のときに二重目的語構文が可能になり，後者の用法のときに非対格構文および中間構文が可能になると考えられる．このように，中間構文とは独立に，sell や read は格特性に関して，語彙的にあいまいであると考えるべき理由がある．したがって，その2つの動詞が二重目的語構文と中間構文の両方に生起できるとしても，それはわれわれの分析にとってとくに問題にはならないと思われる．ただし，多くの与格動詞のうち，sell や read などの一部の動詞だけが語彙的にあいまいになりうるのはなぜなのかという点は，これから考えなければならない問題である．

　destroy などの破壊動詞(ほかに ruin, demolish など)は，中間構文に生

起できないという報告がある(Endo (1986), Taniguchi (1994) など参照).

(85) *This cathedral destroys easily.

3.1 節で述べたように,破壊動詞の目的語は,状態変化動詞の目的語とは異なり,この世界に存在しなくなるものを表すという意味で,《存在者》の意味役割をもつと考えられる.これが,同じく《存在者》と特徴づけられる結果述語と共起できない所以である.(85)の非文法性をわれわれの枠組みで説明しようと思えば,VP_2 の補部として目的語名詞句をとる destroy は,下位動詞の位置に格照合素性をもつと仮定することが考えられる.そのように仮定すれば,《存在者》の項はその格照合素性と照合を起こす必要があるため,IP 指定部の位置に繰り上がることができず,(85)の構造は派生されないことになる.ただし,destroy については,法助動詞を加えた This cathedral will destroy easily. という中間構文は,容認性が上がるという指摘があり(Endo (1986), Taniguchi (1994) を参照),また,destroy は実はラテン語起源の動詞であり,われわれの格特性に依拠するここでの説明が有効であるかどうかは,今後さらに検討を要するように思われる.

本節では,英語の中間構文に関して,主に動詞の格特性に注目することにより,この構文に生起できる動詞と生起できない動詞を原理的に区別できることを示した.

おわりに

　本書第II部では，まず，第1章で意味役割の場所理論的な考え方を批判的に検討したうえで，第2章では動詞句シェル構造に基づく新たな意味役割理論を提案した．提案された理論の主な特徴は，次の4点にまとめられる．

　(i)　マクロな意味役割として，《動作主》《場所》《存在者》の3つだけを認め，それぞれを動詞句シェル構造の一定の項の位置に結びつける．

　(ii)　従来の場所理論的な考え方とは正反対に，特性を表す叙述形容詞ないし前置詞句表現は《存在者》要素と特徴づけられ，一方，その意味上の主語は《場所》要素と特徴づけられる．その延長線上で，状態変化文では，状態変化を表す形容詞ないし前置詞句表現が《存在者》と特徴づけられ，状態変化の主体が《場所》と特徴づけられる．

　(iii)　動詞の格照合素性は，上位動詞 V_1 に加え下位動詞 V_2 の位置にも生じうる．二重目的語構文は，V_1 と V_2 がともに格照合素性をもつ場合に可能になり，中間構文は，V_1 の格照合素性が奪われた(不活性になった)構文と特徴づけられる．

　(iv)　単純な《場所》の項は前置詞句として具現し，影響を受けた《場所》の項は名詞句として具現するという，構造的具現化原則を仮定する．

　第3章では，以上のような特徴をもつ意味役割理論に基づいて，英語の結果構文，二重目的語構文，中間構文の分析を提示した．とりわけ，提案された意味役割理論によれば，それらの構文に生起できる動詞と生起できない動詞の区別が原理的な形で行なえることが示された．

　本論では，理論的な枠組みとしてミニマリスト・プログラムを採用している．しかし，具体的な議論においてミニマリストの手法に厳密にはしたがっていない部分や，したがったとしても中途半端な論じ方になっている

ところがある．その理由の大半は，紙面が限られていることからくる説明の簡略化ということであるが，一部に，現在のミニマリストの研究はまだ流動的であり，現時点でそのテクニカルな面を厳密に適用するのは，適当でないのではないかという考えもある．たとえば，説明のなかで格照合理論を重要な道具立てとして採用しているけれども，その適用には多分に便宜的な面がある．ミニマリスト・プログラムにおける格照合理論の位置づけや厳密な定式化に関しては，これからの研究をまつことになるが，研究が進み，Chomsky (1995) などで示された格照合理論がある程度の，あるいは，大きな変容をとげたとしても，ここで提示された説明の基本的発想や骨格部分が有効性を失わずに残ることになれば幸いである．

　最後にひと言つけ加えたいこととして，統語論の自律性の問題がある．意味役割の問題を統語論との関連で論ずるという事柄の性質に加えて，上で述べたような便宜的な説明になっている部分があるために，統語論の議論に意味的な概念が不正に入り込んでいるのではないか，という疑念を抱かれる方がおられるかもしれない．《動作主》《場所》《存在者》などの概念や，さらに「単純な」《場所》や「影響を受けた」《場所》などの概念は，たしかに意味的なものである．その意味的な概念を用いて，たとえば，影響を受けた《場所》の要素は名詞句として具現するために，それを含む文は前置詞与格構文ではなく，二重目的語構文になるといった議論を展開している．しかし，これは議論の便宜上，そういった印象を与える言い方になっているだけであり，根本的な問題ではないと考えられる．厳密に言えば，《動作主》や影響を受けた《場所》などの概念は，統語論のなかでは (すなわち，Chomsky の言う「計算処理システム」では) レッテルのようなもの (あるいは，抽象的な記号) と考えておけば十分であり，その概念の具体的な内容は，計算処理システムの1つの出力である論理形式 (LF) と概念・意図システムのインターフェイスにおいてチェックされることになる．このように考えれば，統語論の自律性は維持できると思われる．

参 考 文 献

第 I 部　語 の 意 味 論

Bloom, Paul, Mary A. Peterson, Lynn Nadel, and Merrill F. Garrett, eds. (1996) *Language and Space*, MIT Press, Cambridge, MA.

Burzio, Luigi (1986) *Italian Syntax: A Government-Binding Approach*, Reidel, Dordrecht.

Chomsky, Noam (1995) *The Minimalist Program*, MIT Press, Cambridge, MA. (外池滋生・大石正幸監訳 (1998)『ミニマリスト・プログラム』翔泳社, 東京)

Declerck, Renaat (1979) "Aspect and the Bounded / Unbounded (Telic / Atelic) Distinction," *Linguistics* 17, 761–794.

Fodor, Jerry A. (1970) "Three Reasons for Not Deriving 'Kill' from 'Cause to Die'," *Linguistic Inquiry* 1, 429–438.

Fodor, Jerry A. (1975) *The Language of Thought*, Harvard University Press, Cambridge, MA.

Fodor, Jerry A. (1981) *Representations: Philosophical Essays on the Foundations of Cognitive Science,* MIT Press, Cambridge, MA.

Goldberg, Adele E. (1995) *Constructions: A Construction Grammar Approach to Argument Structure*, University of Chicago Press, Chicago. (河上誓作ほか訳 (2001)『構文文法論: 英語構文への認知的アプローチ』研究社出版, 東京)

Gruber, Jeffrey S. (1965) *Studies in Lexical Relations*, Doctoral dissertation, MIT. [Also in Gruber (1976), 1–210]

Gruber, Jeffrey S. (1976) *Lexical Structures in Syntax and Semantics*, North-Holland, Amsterdam.

Ikegami, Yoshihiko (1970) *The Semological Structure of the English Verbs of Motion: A Stratificational Approach*, Sanseido, Tokyo.

池上嘉彦 (1981)『「する」と「なる」の言語学: 言語と文化のタイポロジーへの試論』大修館書店, 東京.

Jackendoff, Ray S. (1972) *Semantic Interpretation in Generative Grammar*, MIT Press, Cambridge, MA.
Jackendoff, Ray S. (1983) *Semantics and Cognition*, MIT Press, Cambridge, MA.
Jackendoff, Ray S. (1985) "Multiple Subcategorization and the θ-Criterion: The Case of *Climb*," *NLLT* 3, 271–295.
Jackendoff, Ray S. (1987) *Consciousness and the Computational Mind*, MIT Press, Cambridge, MA.
Jackendoff, Ray S. (1990) *Semantic Structures*, MIT Press, Cambridge, MA.
Jackendoff, Ray S. (1991) "Parts and Boundaries," *Cognition* 41, 9–45. [*Lexical & Conceptual Semantics*, ed. by Beth Levin and Steven Pinker (1992), 9–45, Blackwell, Oxford に再録]
Jackendoff, Ray S. (1992) *Languages of the Mind: Essays on Mental Representation*, MIT Press, Cambridge, MA.
Jackendoff, Ray S. (1996) "The Architecture of the Linguistic-Spatial Interface," *Language and Space*, ed. by Paul Bloom et al., 1–30, MIT Press, Cambridge, MA.
Jackendoff, Ray S. (1997) *The Architecture of Language Faculty*, MIT Press, Cambridge, MA.
Jackendoff, Ray S. (1998) "The Natural Logic of Rights and Obligations," *Language, Logic and Concepts*, ed. by Ray S. Jackendoff, Paul Bloom, and Karen Wynn, 67–95, MIT Press, Cambridge, MA.
Jackendoff, Ray S. and Barbara Landau (1991) "Spatial Language and Spatial Cognition," *Bridges between Psychology and Linguistics: A Swarthmore Festschrift for Lila Gleiteman*, ed. by Donna Jo Napoli and Judy Anne Kegel, 145–169, Lawrence Erlbaum Associates, New Jersey.
影山太郎 (1995) 『動詞意味論: 言語と認知の接点』くろしお出版, 東京.
Katz, Jerrold and Jerry Fodor (1963) "The Structure of a Semantic Theory," *Language* 39, 170–210.
Katz, Jerrold and Paul Postal (1964) *An Integrated Theory of Linguistic Descriptions*, MIT Press, Cambridge, MA.
Labov, William (1973) "The Boundaries of Words and Their Meanings," *New Ways of Analyzing Variations in English*, ed. by Charles N. Bailey

and Roger W. Shuy, 340–373, Georgetown University Press, Washington, D.C.
Lakoff, George (1987) *Women, Fire, and Dangerous Things: What Categories Reveal about the Mind*, University of Chicago Press, Chicago. (池上嘉彦・河上誓作ほか訳 (1993)『認知意味論』紀伊國屋書店, 東京)
Lakoff, George and Mark Johnson (1980) *Metaphors We Live By*, University of Chicago Press, Chicago. (渡部昇一ほか訳 (1986)『レトリックと人生』大修館書店, 東京)
Lerdahl, Fred and Ray S. Jackendoff (1983) *A Generative Theory of Tonal Music*, MIT Press, Cambridge, MA.
Levin, Beth and Malka Rappaport Hovav (1991) "Wiping the Slate Clean: A Lexical Semantic Exploration," *Cognition* 41, 123–152. [*Lexical & Conceptual Semantics*, ed. by Beth Levin and Steven Pinker (1992), 123–152, Blackwell, Oxford に再録]
Levin, Beth and Malka Rappaport Hovav (1992) "The Lexical Semantics of Verbs of Motion: The Perspective from Unaccusativity," *Thematic Structure: Its Role in Grammar*, ed. by Iggy M. Roca, 247–269, Foris, Berlin.
Levin, Beth and Malka Rappaport Hovav (1995) *Unaccusativity: At the Syntax-Lexical Semantics Interface*, MIT Press, Cambridge, MA.
Levin, Beth and Tova Rapoport (1988) "Lexical Subordination," *CLS* 24, 275–289.
Macnamara, John (1978) "How Do We Talk about What We See?" unpublished mimeo, McGill University.
Marantz, Alec (1992) "The *way*-construction and the Semantics of Direct Arguments in English: A Reply to Jackendoff," *Syntax and Semantics 26: Syntax and the Lexicon*, ed. by Tim Stowell and Eric Wehrli, 179–188, Academic Press, New York.
Marr, David (1982) *Vision: A Computational Investigation into the Human Representation and Processing of Visual Information*, Freeman, San Francisco. (乾敏郎・安藤広志訳 (1987)『ビジョン: 視覚の計算理論と脳内表現』産業図書, 東京)
丸田忠雄 (1998)『使役動詞のアナトミー: 語彙的使役動詞の語彙概念構造』松柏社, 東京.

太田朗・梶田優 (1974)『英語学体系 4: 文法論 II』大修館書店, 東京.
Peterson, Mary A., Lynn Nadel, Paul Bloom, and Merrill F. Garrett (1996) "Space and Language," *Language and Space*, ed. by Paul Bloom et al., 553–577, MIT Press, Cambridge, MA.
Piaget, Jean (1970) *Genetic Epistemology*, Columbia University Press, New York.
Pustejovsky, James (1991) "The Syntax of Event Structure," *Cognition* 41, 47–81. [*Lexical & Conceptual Semantics*, ed. by Beth Levin and Steven Pinker (1992), 47–81, Blackwell, Oxford に再録]
Pustejovsky, James (1995) *The Generative Lexicon*, MIT Press, Cambridge, MA.
高見健一・久野暲 (1999)「Way-構文と非対格性」『英語青年』Vol. 145, Nos. 3–5, 8–13, 34–43, 48–54.
Talmy, Leonard (1985) "Lexicalization Patterns: Semantic Structure in Lexical Forms," *Language Typology and Syntactic Description* III: *Grammatical Categories and the Lexicon*, ed. by Timothy Shopen, 57–149, Cambridge University Press, Cambridge.
Taylor, John R. (1996) "On Running and Jogging," *Cognitive Linguistics* 7, 21–34.
Tenny, Carol L. (1994) *Aspectual Roles and the Syntax-Semantics Interface*, Kluwer, Dordrecht.
Tsujimura, Natsuko (1991) "On the Semantic Properties of Unaccusativity," *Journal of Japanese Linguistics* 13, 91–116.
Vendler, Zeno (1967) *Linguistics in Philosophy*, Cornell University Press, Ithaca.
Wittgenstein, Ludwig (1953) *Philosophical Investigations*, Blackwell, Oxford.(藤本隆志訳 (1976)『ウィットゲンシュタイン全集 8: 哲学探究』大修館書店, 東京)
安井稔・中右実・西山佑司・中村捷・山梨正明 (1983)『英語学大系 5: 意味論』大修館書店, 東京.
Yoneyama, Mitsuaki (1985) "Motion Verbs in Conceptual Semantics," *Bulletin of the Faculty of Humanities* 22, 1–15, Seikei University.
Yoneyama, Mitsuaki (1995) " 'Rules of Construal': An Analysis of Verbs of Motion," *Essays in Linguistics and Philosophy: Presented to Professor Kinsuke Hasegawa on the Occasion of His Sixtieth Birthday*,

505–515, Kenkyusha, Tokyo.
Yoneyama, Mitsuaki (1997) "Verbs of Motion and Conceptual Structure: A Contrast between English and Japanese," *The Locus of Meaning: Papers in Honor of Yoshihiko Ikegami*, ed. by Kei-ichi Yamanaka and Toshio Ohori, 263–276, Kurosio, Tokyo.

第 II 部　意味役割と英語の構文

Anderson, John (1971) *The Grammar of Case: Toward a Localist Theory*, Cambridge University Press, Cambridge.
Aoun, Joseph and Audrey Li (1989) "Scope and Constituency," *Linguistic Inquiry* 20, 141–172.
Baker, Mark (1988) *Incorporation: A Theory of Grammatical Function Changing*, University of Chicago Press, Chicago.
Baker, Mark (1995) "On the Structural Positions of Themes and Goals," *Phrase Structure and the Lexicon*, ed. by Johan Rooryck and Laurie Zauring, 7–34, Kluwer, Dordrecht.
Baker, Mark (1997) "Thematic Roles and Syntactic Structure," *Elements of Grammar*, ed. by Liliane Haegeman, 73–137, Kluwer, Dordrecht.
Baker, Mark, Kyle Johnson, and Ian Roberts (1989) "Passive Arguments Raised," *Linguistic Inquiry* 20, 219–251.
Bresnan, Joan and Annie Zaenen (1990) "Deep Unaccusativity in LFG," *Grammatical Relations*, ed. by Katarzyna Dziwirek, Patrick Farrell, and Errapel Mejias-Bikandi, 47–57, CSLI, Stanford University, Stanford.
Carlson, Greg (1980) *Reference to Kinds in English*, Garland, New York.
Carrier, Jill and Janet Randall (1992) "The Argument Structure and Syntactic Structure of Resultatives," *Linguistic Inquiry* 23, 173–234.
Chomsky, Noam (1965) *Aspects of the Theory of Syntax*, MIT Press, Cambridge, MA.
Chomsky, Noam (1995) *The Minimalist Program*, MIT Press, Cambridge, MA.
Croft, William (1991) *Syntactic Categories and Grammatical Relations*, University of Chicago Press, Chicago.
Diesing, Molly (1992) *Indefinites*, MIT Press, Cambridge, MA.

Dowty, David (1979) *Word Meaning and Montague Grammar*, Reidel, Dordrecht.
Dowty, David (1991) "Thematic Proto-roles and Argument Selection," *Language* 67, 547–619.
Endo, Yoshio (1986) "A Constraint on English Activo-Passives," *Tsukuba English Studies* 5, 107–121.
Fagan, Sarah (1992) *The Syntax and Semantics of Middle Constructions*, Cambridge University Press, Cambridge.
Fellbaum, Christiane (1986) *On the Middle Construction in English*, Indiana University Linguistics Club, Bloomington.
Fellbaum, Christiane and Anne Zribi-Hertz (1989) *The Middle Construction in French and English*, Indiana University Linguistics Club, Bloomington.
Fillmore, Charles (1968) "The Case for Case," *Universal in Linguistics Theory*, ed. by Emmon Bach and Robert Harms, 1–88, Holt, Rinehart & Winston, New York.
Fujita, Koji (1994) "Middle, Ergative, and Passive in English: A Minimalist Perspective," *MIT Working Papers in Linguistics* 22, 71–90, MIT.
Fujita, Koji (1996) "Double Objects, Causatives, and Derivational Economy," *Linguistic Inquiry* 27, 146–173.
Goldberg, Adele (1991) "A Semantic Account of Resultatives," *Linguistic Analysis* 21, 66–96.
Goldberg, Adele (1992) "The Inherent Semantics of Argument Structure: The Case of the English Ditransitive Construction," *Cognitive Linguistics* 3, 37–74.
Goldberg, Adele (1995) *Constructions: A Construction Grammar Approach to Argument Structure*, University of Chicago Press, Chicago. (河上誓作ほか訳 (2001)『構文文法論: 英語構文への認知的アプローチ』研究社出版, 東京)
Green, Georgia (1974) *Semantics and Syntactic Regularity*, Indiana University Press, Bloomington.
Gropen, Jess, Steven Pinker, Michelle Hollander, Richard Goldberg, and Ronald Wilson (1989) "The Learnability and Acquisition of the Dative Alternation in English," *Language* 65, 203–257.

Gruber, Jeffrey (1976) *Lexical Structures in Syntax and Semantics*, North-Holland, Amsterdam. [The revised version of the 1965 MIT Doctoral dissertation of the same name]
Hale, Kenneth and Samuel Jay Keyser (1987) "A View from the Middle," *Lexicon Project Working Papers* 10, 1–64, MIT.
Hale, Kenneth and Samuel Jay Keyser (1993) "On Argument Structure and the Lexical Expression of Syntactic Relations," *The View from Building 20*, ed. by Kenneth Hale and Samuel Jay Keyser, 53–109, MIT Press, Cambridge, MA.
Hartung, Johann A. (1831) *Über die Casus, ihre Bildung und Bedeutung in der griechischen und lateinischen Sprache*, Palm & Enke, Erlangen.
Hasegawa, Nobuko (1998) "Syntax of Resultatives," *Researching and Verifying an Advanced Theory of Human Language* (COE Research Report 2), ed. by Kazuko Inoue, 31–57, Kanda University of Foreign Studies.
Hoji, Hajime (1985) *Logical Form Constraints and Configurational Structures in Japanese*, Doctoral dissertation, University of Washington.
Horita, Yuko (1995) "A Cognitive Study of Resultative Constructions in English," *English Linguistics* 12, 147–172.
池上嘉彦 (1981) 『「する」と「なる」の言語学』大修館書店, 東京.
Jackendoff, Ray S. (1969) *Some Rules of Semantic Interpretation for English*, Doctoral dissertation, MIT.
Jackendoff, Ray S. (1972) *Semantic Interpretation in Generative Grammar*, MIT Press, Cambridge, MA.
Jackendoff, Ray S. (1983) *Semantics and Cognition*, MIT Press, Cambridge, MA.
Jackendoff, Ray S. (1990) *Semantic Structures*, MIT Press, Cambridge, MA.
Jaeggli, Osvaldo (1986) "Passive," *Linguistic Inquiry* 17, 587–622.
Johnson, Kyle (1992) "Scope and the Binding Theory: Comments on Zubizarreta," *Syntax and Semantics* 26: *Syntax and the Lexicon*, ed. by Tim Stowell and Eric Wehrli, 259–275, Academic Press, New York.
加賀信広 (1997) 「日英語の受益構文と意味役割」『ヴォイスに関する比較言語学的研究』筑波大学現代言語学研究会編, 209–248, 三修社, 東京.

Kaga, Nobuhiro (1998) "English Adjectives and Thematic Roles,"『言語の普遍性と個別性に関する記述的・理論的総合研究』鷲尾龍一編, 91–110, 筑波大学.

Kaga, Nobuhiro (1999) "The Parametric Variation in Resultative Constructions,"『筑波英学展望』18, 55–70.

Kaga, Nobuhiro (2001) "Thematic Constraints on the Dative Alternation in English,"『筑波英学展望』20, 139–154.

影山太郎 (1996)『動詞意味論: 言語と認知の接点』くろしお出版, 東京.

Katz, Jerrold and Jerry Fodor (1963) "The Structure of a Semantic Theory," *Language* 39, 170–210.

Keyser, Samuel Jay and Thomas Roeper (1984) "On the Middle and Ergative Constructions in English," *Linguistic Inquiry* 15, 381–416.

Koizumi, Masatoshi (1993) "Object Agreement Phrases and the Split VP Hypothesis," *MIT Working Papers in Linguistics* 18, 99–148, MIT.

Koizumi, Masatoshi (1995) *Phrase Structure in Minimalist Syntax*, Doctoral dissertation, MIT.

Kusayama, Manabu (1997) "Toward a Unified Account of the English Middle," *Tsukuba English Studies* 16, 247–282.

Lakoff, George (1993) "The Contemporary Theory of Metaphor," *Metaphor and Thought* (2nd edition), ed. by Andrew Ortony, 202–251, Cambridge University Press, Cambridge.

Langacker, Ronald (1991) *Foundations of Cognitive Grammar* 2: *Descriptive Application*, Stanford University Press, Stanford.

Larson, Richard (1988) "On the Double Object Construction," *Linguistic Inquiry* 19, 335–391.

Levin, Beth (1993) *English Verb Classes and Alternations: A Preliminary Investigation*, University of Chicago Press, Chicago.

Levin, Beth and Malka Rappaport Hovav (1995) *Unaccusativity: At the Syntax-Lexical Semantics Interface*, MIT Press, Cambridge, MA.

Levin, Beth and Tova Rapoport (1988) "Lexical Subordination," *CLS* 24, 275–289.

Matsumoto, Masumi and Koji Fujita (1995) "The English Middle as an Individual-level Predicate," *Studies in English Literature* 71: 1, 95–111.

McNulty, Elaine (1988) *The Syntax of Adjunct Predicates*, Doctoral dissertation, MIT.

Milsark, Gary (1974) *Existential Sentences in English*, Doctoral dissertation, MIT. [Reproduced by Garland (1979)]

Miyagawa, Shigeru (1989) *Syntax and Semantics* 22: *Structure and Case Marking in Japanese*, Academic Press, New York.

Miyata, Akiko (1997) "A Cognitive Approach to English Resultative Constructions," *Tsukuba English Studies* 16, 283–300.

中右　実 (1990)「存在の認知文法」『文法と意味の間』(国広哲弥教授還暦退官記念論文集), 161–179, くろしお出版, 東京.

中右　実 (1994)『認知意味論の原理』大修館書店, 東京.

Napoli, Donna (1992) "Secondary Resultative Predicates in Italian," *Journal of Linguistics* 28, 53–90.

Oba, Yukio (1993) "On the Double Object Construction," *English Linguistics* 10, 95–118.

Oehrle, Richard (1976) *The Grammatical Status of the English Dative Alternation*, Doctoral dissertation, MIT.

Perlmutter, David and Paul Postal (1984) "The 1-advancement Exclusiveness Law," *Studies in Relational Grammar* 2, ed. by David Perlmutter and Carol Rosen, 81–125, University of Chicago Press, Chicago.

Pesetsky, David (1995) *Zero Syntax: Experiencers and Cascades*, MIT Press, Cambridge, MA.

Pinker, Steven (1989) *Learnability and Cognition: The Acquisition of Argument Structure*, MIT Press, Cambridge, MA.

Pustejovsky, James (1995) *The Generative Lexicon*, MIT Press, Cambridge, MA.

Randall, Janet (1982) "A Lexical Approach to Causatives," *Journal of Linguistic Research* 2, 77–105.

Rapoport, Tova (1993) "Verbs in Depictives and Resultatives," *Semantics and the Lexicon*, ed. by James Pustejovsky, 163–184, Kluwer, Dordrecht.

Rappaport, Malka and Beth Levin (1985) "A Case Study in Lexical Analysis: The Locative Alternation," unpublished paper, MIT.

Rappaport, Malka and Beth Levin (1988) "What to Do with θ-roles," *Syntax and Semantics* 21: *Thematic Relations*, ed. by Wendy Wilkins,

7-36, Academic Press, New York.

Roberts, Ian (1987) *The Representation of Implicit and Dethematized Subjects*, Foris, Dordrecht.

Rothstein, Susan (1983) *The Syntactic Forms of Predication*, Doctoral dissertation, MIT.

Shibatani, Masayoshi (1994) "Benefactive Constructions: A Japanese-Korean Comparative Perspective," *Japanese / Korean Linguistics* 4, 39–74.

Shibatani, Masayoshi (1996) "Applicatives and Benefactives: A Cognitive Account," *Grammatical Constructions*, ed. by Masayoshi Shibatani and Sandra Thompson, 157–194, Oxford University Press, New York.

Simpson, Jane (1983) "Resultatives," *Papers in Lexical-Functional Grammar*, ed. by Lori Levin, Malka Rappaport, and Annie Zaenen, 143–157, Indiana University Linguistics Club, Bloomington.

Stowell, Tim (1981) *Origins of Phrase Structure*, Doctoral dissertation, MIT.

Takami, Ken-ichi (1997) "A Cognitive Approach to Three Asymmetries between the Double Object and Dative Constructions," *Metropolitan Linguistics* 17, 23–51.

Takano, Yuji (1996) *Movement and Parametric Variation in Syntax*, Doctoral dissertation, University of California, Irvine.

Takano, Yuji (1998) "Object Shift and Scrambling," *Natural Language and Linguistic Theory* 16, 817–889.

竹沢幸一 (1999)「空間表現の統語論:『叙述』の観点から」『空間表現の文法化に関する総合的研究』竹沢幸一編, 91–121, 筑波大学.

Taniguchi, Kazumi (1994) "A Cognitive Approach to the English Middle Construction," *English Linguistics* 11, 173–196.

Tenny, Carol (1987) *Grammaticalizing Aspect and Affectedness*, Doctoral dissertation, MIT.

Tenny, Carol (1994) *Aspectual Roles and the Syntax-Semantics Interface*, Kluwer, Dordrecht.

van Valin, Robert (1990) "Semantic Parameters of Split Intransitivity," *Language* 66, 221–260.

Washio, Ryuichi (1997) "Resultatives, Compositionality and Language

Variation," *Journal of East Asian Linguistics* 6, 1–49.
Watanabe, Akira (1996) *Case Absorption and WH-Agreement*, Kluwer, Dordrecht.
Wüllner, Franz (1827) *Die Bedeutung der sprachlichen Casus und Modi*, Münster, Coppenrath.
Yoneyama, Mitsuaki (1985) "Motion Verbs in Conceptual Semantics," *Bulletin of the Faculty of Humanities* 22, 1–15, Seikei University.

索　引

あ　行

アスペクト　11, 48–50
アスペクト・インターフェイス仮説　48
アスペクト特性　48
アスペクト役割枠　49
池上　57, 81
位置変化動詞　156
位置変化文　99, 115, 132
イディオム　12
移動　21
移動使役（caused motion）構文　153
意味拡張　38
意味関係　3
意味関数　7
意味公準　33
意味の特性　8
意味部門　6
意味変化　3
意味役割の階層　130
イメージ・スキーマ　74
インターフェイスの基準　53
受取手　103, 127, 128, 130, 140–42, 144, 155, 162, 170, 174
動きを伴う行為動詞　58
運動感覚　8
運動の動詞　4, 57–84
運動の動詞の分類　57–68
運動様態の動詞　58
影響を受けた《場所》　144, 147, 150, 152, 154, 158, 160, 162, 164, 169
演算子　28
奥行　51
音放出動詞　65
音韻インターフェイス・レベル　45

音楽　7

か　行

外項　48
解釈意味論　3
解釈規則　38
階層　52
下位動詞　161
概念　8
概念意味論　3
概念インターフェイス・レベル　45
概念形成規則　20–22
概念構造　9, 20–29, 99, 101
概念成分　20
概念表示　55
下位範疇化　25
格照合　135, 136, 151, 154, 164, 168, 176
格照合素性　161, 167, 168, 174–76, 178
獲得動詞　163, 166, 175, 176
囲み　56
可算名詞　23
家族的類似　17
活動の予定　22
過程　11, 23, 29
過程動詞　65
関数構造　6, 23–25
間接内項　48
起点　92, 96, 100, 127, 128, 130, 142
起点読み　62
機能的制約　72
基本的要素　11
義務　32
吸収　100

境界　23
強化構成　43–44
共構成　12
強制関数　43
空間的位置　21
空間表示　4, 53–56
具象的　104, 105, 114
区別　14
グループ化　18
経験者　109, 110, 127, 128, 130, 140, 144, 155, 170, 173
傾向　81
経済性の基準　53
計算言語学　12
形式主義　12
形式役割　41
経由読み　61
経路　21, 127, 128, 130, 144
経路関数　36
経路目的語動詞　48
ゲシュタルト心理学　15
結果(物)　127, 129, 130, 152
結果構文　148, 165
原因　127, 128, 170
言語と空間のインターフェイス　4, 55–56
限定　11
権利　22
語彙意味論　3
語彙概念構造　6
語彙化のパターン　79
語彙継承構造　12
語彙従属　10, 38–40
語彙挿入　45
語彙認可　45
語彙分解　9, 16–17
語彙論と意味論のインターフェイス　11
行為者　63, 101
行為層　37, 101, 139
項構造　11

合成構造　47
構成性　8
構成性の原理　9
構成役割　41
構造的具現化原則　144, 160, 162, 169
構文的イディオム　37
構文文法　12
項融合　26
個体　23
個体レベル (individual-level) 述語　116
固定表現　12
語の意味と習得　32–34
語用論的　25
根源的な認識のレベル　125

さ　行
再帰代名詞　153
最短連結条件　135, 136
座標系　52
座標軸　51
3次元モデル　51
視覚　7, 51, 52
思考の言語　7
辞書　8
事象　21, 23
事象合成　11
事象構造　10–12, 29–32
自他の交替　71
実質　23
質量名詞　23
指標　36
社会的認知　33
写象表示　53
集合　23
終端　51
習得動詞　173
受益構文　163
受益者　103, 127, 128, 130, 140, 144, 164, 165
樹状構造　52

索　引　197

主題　6, 92, 96, 100, 110, 111, 113, 114, 116, 120, 124, 127, 129, 130, 155, 173
主題階層　99
主題関係　6, 92, 101
主題関係仮説　22
主題構造　11
主題層　101, 139
主題役付与一様性の仮説　127, 134, 136
主体役割　41
手段解釈　83
述語分解　30, 100
受容動詞　155
主要部　52
上位動詞　161, 172
状況　21
状況記述（situation-describing）述語　116, 119, 122
状態　29
状態記述（state-describing）述語　116, 119, 121
状態変化　95, 104, 147, 158, 164
状態変化動詞　48, 149, 151, 173
状態変化文　99, 115, 133, 139
焦点と前提　6
生得的　21
将来的入手（future having）動詞　167
初期スケッチ　51
叙述文　97, 100, 105, 106, 113
所有　22
所有権の移動　95
所有者　111, 127, 128, 130, 144, 174
所有文　97, 100, 104, 113
所有変化文　99, 115
自律性　3
進行形　24
深層構造　6
身体部位名詞　153
心的表示　8
推移　11, 29

推論　33
スクランブリング　132, 136, 153
スペイン語　79
生産的　46
精神の言語　44
生成意味論　3
生成辞書　29, 40–42
生成文法　3
成分軸　52
接触　27
全体性の含意　147
選択制限　25, 26
選択束縛　12
前置詞重視の姿勢　97
前置詞与格構文　162, 169, 170
相互 c 統御　132, 133
創造動詞　129, 159, 163, 166, 174, 176
増分主題動詞　48
測定　11
素性　23
存在者　127, 129, 130, 134, 141, 143, 149, 152, 155, 158, 159, 164
存在文　96, 100, 104, 113

た　行

対応規則　10, 35–38
タイプ　15
タイプ強制　12
高見・久野　71–73, 83
多義性　12
タクソノミー　54
打撃・接触動詞　152, 153
達成　30
短距離スクランブリング　136–38, 161
単子　15
単純な《場所》　144, 146, 152, 157, 162
知覚動詞　154
力行使（exerting force）動詞　156
着点　10, 92, 96, 100, 124, 127, 128,

130, 141, 142, 147, 162
着点読み　61
中間構文　39, 168, 171
抽象的　104, 105, 114
抽象的な場所　106, 110
中心条件　17
長期記憶　51
直接外部要因　70
直接内項　48
典型条件　17
同一指示表　6
同音異義　19
同義性　3, 8
統合の原理　14
動作主　93, 100, 127, 128, 130, 134, 149, 154, 158, 170, 172
動作主的　30
動作主的な運動様態の動詞　70
動詞強制　43
動詞句シェル　127, 149
投射規則　5
到達　30
同定　101
動能構文　152, 157
特質構造　12
特性の帰属　22
特徴記述（character-describing）述語　116, 121
トークン　15

な　行

内部構造　15
二重目的語構文　131, 135, 160, 162, 169, 177
2 $1/2$ 次元スケッチ　51
日本語の運動の動詞　76–79
認識動詞　155, 173
認知言語学　4
認知心理学　7
認知制約　8

は　行

破壊動詞　159, 179
場所　21, 96, 107, 110, 111, 113, 114, 116, 120, 124, 127, 128, 130, 134, 140, 142–44, 149, 158, 165
場所関数　36
場所交替（locative alternation）構文　146
場所読み　61
場所理論　94, 100, 103, 110, 122
働きかけ動詞　164
場面レベル（stage-level）述語　116
反意性　3
判断　14
範疇　14
範疇化　14–16
非空間的抽象の基準　54
被限定性　11
非対格構文　172
非対格性　12, 70–71
非対格性の仮説　70
非対格動詞　151, 158, 178
必要十分条件　15
必要条件　17
被動作主　63, 102, 116, 127, 128, 130, 140, 141, 143, 144, 147, 170
非能格動詞　153, 154, 158
百科事典的　25
比喩　33
非有界　23
比喩的拡張　85
比喩表現　123
表現性　8
表示的モジュール性　44
描写の二次叙述　119
標的　127, 128, 130, 144
ファジー集合　17
フォーマット　44
付加詞規則　69, 70
「不活性な」（inert）動詞　151, 155, 174

物体中心　51
物理空間的な移動　94
部分　23
普遍性　8
フランス語　62, 80
分析性　8
文法制約　8
文法的影響の基準　53
文法的補文　47
併合　12
編入　146
棒　51
包含　56
方向　51
法構造　6
補文　41
本来は動きを伴わない行為動詞　58

ま　行
マクロな意味役割　128, 139, 162
ミクロな意味役割　128, 140, 163
ミニマリスト・プログラム　11, 127
無標　62
名詞句受動　49
名詞句読み　68
目的役割　41
モジュール　8
モジュール性　12
モデル軸　52

や　行
有界　23
優先規則　18–19, 26–29
優先素性　28
有標　62
遊離数量詞　131
容積　51
様態　27
様態を伴う運動の動詞　57
様態を伴わない運動の動詞　57
与格交替　131

与格交替動詞　162
与格動詞　166, 175, 176, 178
抑制　151, 174

ら　行
ラテン語起源の動詞　167, 168, 176, 179
力学的影響関係　101, 139
輪郭　51
連結　4
連続事象読み　68
論理形式　12

A～Z
almost　31
climb　19, 26–29
CS　9
DEC　70
Declerck　29
drink　25, 26
GO　36
Goldberg　47
GR　24
Gruber　6
have 所有文　118
Helen Keller　73–76
IN　36
jog　26, 60
Kats-Postal 仮説　5
keep　8
LCS　6
Levin and Rappaport Hovav　3, 38–41, 70–71
Marantz　59
march　71
PL　24
Pustejovsky　3, 10, 11, 29–32, 40–42
run　26, 30, 31, 36, 60
see　19
Talmy　57, 67, 79, 80
Tenny　3, 11, 48–50

there 存在文　107, 113, 117
TO　36
under　59
Vendler　29
verbs of action (+ motion)　63

verbs of action (− motion)　64
verbs of motion (+ manner)　60
verbs of motion (− manner)　58
way 構文　46, 47, 71–73, 75, 82, 83
yes/no/not sure　15

〈著者紹介〉

原口庄輔(はらぐち　しょうすけ)　1943年生まれ．明海大学外国語学部教授．
中島平三(なかじま　へいぞう)　1946年生まれ．東京都立大学教授．
中村　捷(なかむら　まさる)　1945年生まれ．東北大学文学部教授．
河上誓作(かわかみ　せいさく)　1940年生まれ．大阪大学大学院教授．
米山三明(よねやま　みつあき)　1948年長野県生まれ．東京大学大学院人文科学研究科英語英文学専攻修士課程修了．現在成蹊大学文学部教授．著書:『意味論・文体論』(「英語学コース」4, 共著, 大修館書店, 1985),『英語の意味』(「テイクオフ英語学シリーズ」3, 共著, 大修館書店, 1996) など．
加賀信広(かが　のぶひろ)　1958年山形県生まれ．筑波大学大学院博士課程単位取得退学．群馬大学講師を経て, 現在, 筑波大学助教授．著書:『指示と照応と否定』(「日英語比較選書」4, 共著, 研究社出版, 1997),『ヴォイスに関する比較言語学的研究』(共著, 三修社, 1997) など．

英語学モノグラフシリーズ 17
語の意味と意味役割

2001年6月15日　初版発行

編　者　原口庄輔・中島平三
　　　　中村　捷・河上誓作
著　者　米山三明・加賀信広
発行者　池上勝之
印刷所　研究社印刷株式会社

KENKYUSHA
〈検印省略〉

発行所　株式会社　研究社
http://www.kenkyusha.co.jp

〒102-8152
東京都千代田区富士見2-11-3
電話　(編集) 03(3288)7755(代)
　　　(販売) 03(3288)7777(代)
振替　00150-9-26710

ISBN4-327-25717-6　C3380　　Printed in Japan